Meine Würm

Juli 2020

Lieber Dominik,

kein literarisches Meisterwerk, aber vielleicht dient es der Inspiration einer kleinen, gemeinsamen Wanderung zu Eurem nächsten Besuch bei uns.

♡-lichst
Sandra + C...

Marianne Heilmannseder

Meine Würm

Eine erwanderte Flusslandschaft

Inhalt

Vorwort 7

Die Würm im Lauf ihrer Geschichte 13

1 Starnberg – Gauting 25
Vom keltischen Würmsee zum römischen Bratananium 26

2 Gauting – Planegg 41
Vorbei an ehemaligen Hofmarkschlössern 42

3 Planegg – Pasing 53
Entlang der Würm durch den Pasinger Stadtpark 54

4 Pasing – Nymphenburg   71
Mit dem Pasinger Kanal in den Nymphenburger Schlosspark   72

5 Pasing – Karlsfeld   87
Industrieansiedlungen an der »korrigierten« Würm   88

6 Karlsfeld – Schleißheim   99
Entlang dem Würmkanal zum Schloss Schleißheim   100

7 Karlsfeld – Dachau   109
Wo die Würm zum Eiskanal wird   110

8 Dachau – Hebertshausen (Dachau)   119
Abschied von der Würm an der Amper   120

Register   126   ·   Impressum, Bildnachweis   128

Vorwort

Meine Würm!

Wieso eigentlich der Buchtitel »Meine Würm«? Wo ich doch auf die knapp 40 Flusskilometer zwischen Starnberger See und Amper keinerlei persönlichen Besitzanspruch geltend machen kann. Die Würm gehört mir genauso wenig wie all den anderen Anwohnern, Besuchern, Freizeitsportlern, Männern, Frauen, Kindern, Fischen, Enten, Hunden usw., die sich zwischen Percha und Dachau am und im Fluss tummeln. Und doch verbindet mich mit der Würm etwas, was nicht viele von sich behaupten können: Ich bin an ihr aufgewachsen und wohne direkt an ihrem Ufer. Wahrlich ein Privileg, wie mir nicht erst seit heute klar ist!

Besonders in der Erinnerung an meine Kinder- und Jugendjahre spielt die Würm eine Hauptrolle. Ich lernte in ihr schwimmen und fing mit einer selbst gebastelten Angel (ein Haselnussstecken mit einem Spagatschnürl dran und als Köder ein Wurm über einem umgebogenen Nagel) kleine Fischlein für meine Katze. Im Winter übte ich mich zusammen mit anderen Kindern im Eisschollenspringen (damals fror die »kleine Würm«, ein Nebenarm, der an unserem Grundstück vorbeifließt, noch jeden Winter verlässlich zu). Im Sommer

brauchte ich nicht unbedingt das nahe Steinerbad aufzusuchen, denn wir besaßen ein eigenes Badhüttl am Fluss. Darunter, im Geflecht der Baumwurzeln, hatte eine handzahme Bachforelle ihr Zuhause.

Mit nicht enden wollender Begeisterung sprang unser Hund sommers wie winters in die Würm und apportierte daraus armdicke Äste und manchmal auch eine altersschwache Ratte. Sonntagnachmittags spazierte die ganze Familie entlang der Würm flussabwärts nach Obermenzing in den Weichandhof zum Kaffeetrinken. Würmwasser wurde im Hochsommer mit großen Aluminiumkannen zum Gartengießen geschöpft, ja ich kann mich erinnern, dass Anfang der 1950er-Jahre sogar

noch Wäsche im Fluss geschwenkt worden ist. Verunreinigungen hat es damals anscheinend noch nicht gegeben, oder sie wurden geflissentlich ignoriert. Auch hat die Familie trotz Einleitungen der flussaufwärts gelegenen Papierfabrik und mancherlei illegaler privater Müllentsorgung das Baden in der Würm über Jahrzehnte unbeschadet überstanden.

Und heute? Das nostalgische Badhüttl ist dem Zahn der Zeit zum Opfer gefallen. Auch schwimme ich nicht mehr in

Würmimpressionen durch die Jahreszeiten: Herbst im Mühltal (linke Seite oben), Winter im Pasinger Stadtpark (oben), Frühsommer an der Planegger Bräuhausstraße (rechts).

der Würm oder tränke meine Blumenbeete mit ihrem Wasser, denn der Nebenarm führt nur noch ganz wenig Wasser. Kaum, dass sich darin noch Kneipp'sches Wassertreten praktizieren ließe; sogar die Stadtparkenten haben manchmal »Grundberührung«. Was sie allerdings nicht davon abhält, täglich zweimal in meinem Garten an Land zu gehen und ihre Maisration einzufordern.

Der Würm und natürlich dem Stadtpark ist es zu verdanken, dass sich auch noch anderes, nicht alltägliches Getier zu Wasser und zu Lande bei mir blicken lässt: im Winter Gänsesäger, im Frühjahr Kanadagänse, das ganze Jahr über die Wasseramsel – und als besondere Rarität hin und wieder sogar ein Eisvogel.

Stand ich bei Schulausflügen noch wie die anderen Kinder desinteressiert vor den Erdbuckeln der historischen Hügelgräber des Mühltals, so ist mit zunehmendem Alter bei mir das Interesse an meiner allernächsten Umgebung immer mehr gewachsen. Und so begann ich vor ein paar Jahren damit, das näher zu entdecken, was ich seit Kindesbeinen zu kennen glaubte: meine Würm, dieses liebenswerte, leise und unaufdringliche Gewässer, samt ihrer Kanäle, ihrer Orte, ihrer Landschaft. Und wie ließe sich dieses Unterfangen besser bewerkstelligen als im Rahmen eines Spaziergangs, einer Wanderung vom Ursprung bis zur Mündung.

Was dabei herausgekommen ist, finden Sie auf den nächsten Buchseiten: acht Wanderetappen in Wort, Bild und Aquarellskizzen. Die für Jung und Alt leicht zu bewältigenden Streckenwanderungen beginnen und enden jeweils an einer S-Bahnstation. Natürlich kann man die Würm und ihre Kanäle auch mit dem Fahrrad erkunden; Radelschilder weisen den Weg von Starnberg bis nach Dachau sowie zu den Schlössern Nymphenburg und Schleißheim.

Also dann: auf baldiges Wiedersehen an meiner – unserer – Würm!

Das Stockentenweibchen hat auf meiner Ententreppe einen ungestörten Ruheplatz für ihre erst wenige Tage alten Küken gefunden.

Ihre Marianne Heilmannseder

Die Würm im Lauf ihrer Geschichte

Geburtsstunde in der Eiszeit

So unspektakulär die Würm manch einem auf den ersten Blick auch erscheinen mag, muss man ihr immerhin zugestehen, dass sie einer ganzen Glazialepoche ihren Namen gegeben hat: der Würmeiszeit. Diese begann vor ungefähr 115 000 Jahren und erreichte ihren Höhepunkt vor etwa 20 000 Jahren. Bis 10 000 v. Chr. modellierten dann die Schmelzwasser und Geröllmassen des Isarvorlandgletschers den Starnberger See sowie das Würmtal.

Die Würm bildet den Ausfluss des Starnberger Sees – der bis 1962 offiziell Würmsee hieß – und verlässt ihn an seiner nördlichen Schmalseite in Percha bei Starnberg. Danach durchfließt sie das Naturschutzgebiet Leutstettener Moos sowie das romantische Mühltal, bis sie sich größeren Ortschaften nähert: Gauting, Planegg, Pasing, Allach, Karlsfeld, Dachau. Nordöstlich von Dachau, nahe der Würmmühle, ist nach nur 39,5 Kilometern und bei einem Gefälle von 115 Metern der Lauf unserer Würm dann auch schon wieder beendet, und sie vermischt ihr Wasser mit dem der Amper.

Römische Fußbodenheizung in der Villa rustica bei Leutstetten.

Von der Steinzeit bis heute

Seit jeher siedeln Menschen gern an Flüssen. So auch entlang der Würm, deren Verlauf und Breite – einst an manchen Stellen bis zu 1½ Kilometer! – sich bis zur Flussregulierung von 1898/99 immer wieder verändert hat.

Der älteste Nachweis menschlichen Lebens im Würmtal datiert bis ins 4. Jahrtausend v. Chr. zurück. Erste Fundstücke, beispielsweise bei Obermenzing, stammen aus der Spätbronzezeit (1800–1200 v. Chr.). Mit dem Auftauchen der Kelten in der Latènezeit, um 500 v. Chr., kommt dann mehr Licht ins Dunkel unserer Geschichte. Die wohl spektakulärste Hinterlassenschaft dieses Volksstamms im Bereich der Würm ist die Viereckschanze bei Buchendorf, eine groß angelegte Kultstätte, die um 200 v. Chr. entstand. Die Kelten waren es auch, die dem Fluss seinen Namen gegeben haben, nämlich »Wirmina«, die Schnellfließende.

Nachdem sich die Kelten etwa 15 v. Chr. wieder verabschiedet hatten, errichteten die ihnen nachfolgenden Römer Anfang des 1. Jahrhunderts n. Chr. im heutigen Gauting ihr Bratananium. Und etwa von 450–700 folgte schließlich die Zeit der Bajuwaren, der viele Würmorte die Endung »ing« verdanken.

Auch der Adel entdeckte das Würmtal für sich und seine Zwecke. Im 12. Jahrhundert erbauten die Wittelsbacher Herzöge nördlich von Leutstetten die Karlsburg. Die Wittelsbacher waren es auch, die ab 1601 Kanäle graben ließen, um ihre Schlösser und Parks in Nymphenburg und Schleißheim mit Würmwasser zu versorgen. Weniger pompös angelegt waren hingegen die mittelalterlichen Hofmarkschlösser entlang der Würm, von denen manche, wie zum Beispiel in Leutstetten, Gauting, Planegg, Menzing, wenn auch diverse Male umgestaltet, bis auf den heutigen Tag existieren.

Auch mehrere interessante historische Kirchen können wir bei unseren Wanderungen entlang der Würm bewundern, allen voran in Pipping und Blutenburg.

Natur und Freizeit an der Würm

Seit Ende des 19. Jahrhunderts und begünstigt durch die 1854 eröffnete Bahnverbindung Pasing – Starnberg, avancierte nicht nur der Starnberger See, sondern auch das obere Würmtal zu

Blick vom Wall der keltischen Viereckschanze auf Buchendorf.

einem beliebten stadtnahen Freizeit- und Erholungsgebiet. Daran hat sich bis heute nichts geändert, und als Spaziergänger, Wanderer oder Radler ist man hier, entlang dem zweitgrößten Fluss Münchens, an schönen Wochenenden vom Frühjahr bis in den Spätherbst hinein mit Sicherheit nicht allein unterwegs.

Am meisten Natur kann man im Leutstettener Moos und im Mühltal genießen, wo die Würm noch so ungebändigt frei fließen darf, wie sie mag. Das Mühltal bezaubert vor allem im Frühjahr und Herbst durch das zartgrün bzw. gelb-rot leuchtende Laub der mächtigen Buchen. Hier können wir mit etwas Glück und Ausdauer Gebirgsstelze und Wasseramsel beobachten sowie den Ruf von Rotkehlchen, Zaunkönig und Grünspecht hören. Auch im Wasser rührt sich so einiges. Die Würm ist offizielles Fischgewässer; es gibt Bachforellen, Aitel, Barben und Hechte, eingesetzt werden Regenbogenforellen.

Zu den beliebtesten Freizeitaktivitäten entlang unseres Flusses gehörten früher einmal die Würmbäder: Hütten- und Schwimmbäder, von denen es im 19./20. Jahrhundert an die

Oben: Die Wasseramsel kommt an der Würm wieder häufiger vor.
Unten: Der Biergarten Pe. Es. Kottmeier in Planegg direkt am Fluß.

Das Planegger Würmbad wird als letztes von ehemals rund zwanzig Hütten- und Schwimmbädern entlang dem Flusslauf nach wie vor genutzt.

zwanzig gab. Als einziges davon ist das »Baron von Hirsch'sche Schwimm- und Wellenbad« in Planegg noch als originales Flussbad erhalten. Ja, vom 16. bis ins 19. Jahrhundert existierte sogar in Petersbrunn bei Leutstetten ein kleines Kurbad. In den 1960er-Jahren wurde dann ein Würmbad nach dem anderen aufgegeben oder, wie in Allach (2008 geschlossen) und Gauting, auf Leitungswasser mit Chlorzusatz umgerüstet.

Linke Seite: Die von Würmwasser umflossene Blutenburg wurde um 1440 als wittelsbachisches Jagd- und Lustschloss erbaut.

Denn das Baden in der Würm galt als bedenklich, da mit schädlichen Keimen belastet. Dieses Problem ist heute dank einer speziellen Entkeimungsvorrichtung in der Starnberger Kläranlage weitgehend behoben; trotzdem gilt nach wie vor ein offizielles Badeverbot.

Übrigens kann die Würm auch relativ gut mit Hochwasser umgehen. Das weitläufige Einzugsgebiet der Osterseen »entschärft« bei heftigem Niederschlag oder Schneeschmelze die Wassermassen, bevor sie in den Starnberger See gelangen. Der Würmursprung ist also in den Osterseen zu suchen, die wiederum von kalten Grundwasserquellen gespeist werden.

Die dichte Besiedelung des Würmtals bedingte im Lauf der Zeit eine Regulierung des frei fließenden Flusses, was mancherorts allerdings seinen natürlichen Charme beeinträchtigt hat. Umso erfreulicher ist es, dass vom Wasserwirtschaftsamt in den letzten Jahren, auch dank privater Grundstücksabtretungen, neue Seitenarme und Flachuferzonen gestaltet wurden. Bleibt zu hoffen, dass diese lobenswerten Aktionen auch künftig weitergeführt werden.

Nächste Doppelseite: Zu allen Jahreszeiten fasziniert der breit mäandernde Würmlauf im Landschaftsschutzgebiet Mühltal.

1 Starnberg — Gauting

Vom keltischen Würmsee zum römischen Bratananium

Bei dieser 1. Etappe begeben wir uns gewissermaßen auf Wanderschaft zurück in die Geschichte des Würmtals. Wir starten im Hauptort des Würmsees oder »Fürstensees«, wie der Starnberger See auch genannt wird. Bei Leutstetten können wir die Fundamente einer Villa rustica, eines römischen Gutshofs aus dem 2. Jahrhundert n. Chr., besichtigen. In und um Gauting bewegen wir uns dann auf historischem Terrain der einstigen Römersiedlung Bratananium und passieren die legendäre Geburtsstätte Karls d. Großen, die Reismühle. Vor allem aber lernen wir bei dieser Etappe das landschaftlich schönste Teilstück des gesamten Würmlaufs kennen: das naturbelassene Mühltal zwischen Leutstetten und Gauting.

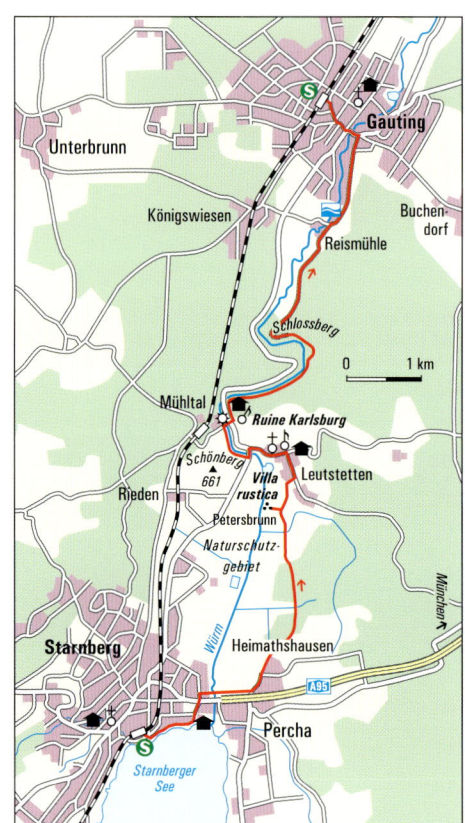

Wir verlassen den Starnberger S-Bahnhof durch die Unterführung zur Seeseite hin und wenden uns auf dem Fußweg nach links. Vorbei am Strandcafé bummeln wir entlang der Schienentrasse zum Hafen der Starnberger-See-Flotte, hier nach links und wenig später auf dem Nepomukweg rechts. Wir kommen am Schiffmeisterhaus von 1724 vorbei und sehen den dahinter liegenden großen Bucentaurstadel von 1803 (sein Vorläufer beherbergte einst besagtes höfisches Prunkschiff). Entlang dem Gelände des noblen Bayerischen Yachtclubs gelangen wir schließlich zum Wasserpark (Strandbad/Restaurant).

Jetzt sind wir unserer Würm schon sehr nahe. Wer zuschauen will, wie sie den Starnberger See verlässt, um ihre ersten selbständigen Wellenschläge zu riskieren, biegt beim Wasserpark in den Nepomukweg ab zur Nepomukbrücke. Unter dieser hölzernen Fußgängerbrücke hindurch verlässt unser Fluss den Starnberger See und strömt erst mal gemächlich in das Gelände der Bootswerft Rambeck hinein. Hier ist die Würm auf ihren ersten Metern sogar schiffbar.

Vom Wasserpark verläuft die Wanderung dann weiter entlang der Strandbadstraße hinaus zur Münchner Straße und drüberhalb auf dem Fuß-/Radweg nach rechts. An der Straßenbrücke können wir unsere Würm begrüßen, die hier eher unspektakulär rechs vom Rambeck kommend in das weitläufige Leutstettener Moos hineinströmt. Ruhig und gelassen, wie es ihre Art ist, beginnt sie somit das Abenteuer ihrer rund 40 Kilometer langen Reise.

Der Fuß-/Radweg mündet in Percha in die Enzianstraße, die wir nach links weiter verfolgen, bis sie in einem Kiesweg ausläuft, der geradeaus durch Wiesen und Waldparzellen des Naturschutzgebiets Leutstettener Moos zieht. Von der linker Hand fließenden Würm ist zwar nichts zu sehen, aber wer Augen und Ohren offen hält, bekommt einiges an typischer Moorflora und -fauna geboten.

Dann zeigt ein Schild nach links die Richtung nach Leutstetten und zur Villa rustica an. Nachdem wir die unter einem gläsernen Schutzbau befindlichen Ausgrabungen des römischen Gutshofs besichtigt haben, geht es im Rechts-/Linksbogen durch freie Wiesen auf Leutstetten zu. Zwischen Herbst und Frühjahr, wenn die Bäume unbelaubt sind, kann man das altehrwürdige Schloss mit den zwei Erkertürmen erkennen.

In Leutstetten auf der Wangener Straße links und geradeaus zur Einmündung in die Altostraße. Kurz davor schirmt linker Hand ein hohes schmiedeeisernes Tor

Durch die Bootswerft Rambeck verlässt die Würm den Starnberger See.

das in einem weitläufigen, verwilderten Park gelegene Wittelsbacherschloss ab.

Auf der Altostraße nach links ist schnell die dem Kaltenberger Prinzen Luitpold gehörende Schlossgaststätte mit ihrem wunderschönen, schattigen Kastanienbiergarten erreicht. Hier wird wohl kaum einer vorbeigehen, ohne sich etwas von den bayerischen Schmankerln einzuverleiben und seinen Durst mit einem frischen »Prinzregent Luitpold« vom Holzfass zu stillen.

Anschließend spazieren wir auf der Altostraße zum gleichnamigen Kirchlein mit dem kleinen Friedhof drum herum. Wenige Meter auf der Straße weiter kann man dann beobachten, wie die Würm, aus der Weite des Leutstettener Mooses kommend, unter der Straßenbrücke hindurch ins enge Mühltal einfädelt.

Eine ländliche Idylle herrscht im Sommer an der Gautinger Reismühle.

Mythenkult an der Drei-Beten-Quelle unterhalb des Schönbergs im Mühltal.

Wir gehen über die Brücke und biegen an ihrem Ende nach rechts auf das Naturwegerl ab, das durch Mischwald etwas erhöht parallel zum Flusslauf am Fuß des Schönbergs dahinzieht. Von diesem Moränenhügel streben zahlreiche Bächlein und Rinnsale der Würm zu. Wir passieren eine in einem Rohr gefasste Quelle, aus der Menschen mit esoterisch verklärtem Gesichtsausdruck Wasser entnehmen und bunte Bänder an Baumzweige binden oder Kerzen, Engel- und Heiligenfigürchen aufstellen.

Vorbei an einem einsam gelegenen Haus mit Rundturm (»Beim Kapeller«, um 1735 eine Erimitage) mündet unser Weg in eine Teerstraße. Wir wenden uns jedoch nach rechts, über die Würmbrücke, und danach links. Nun befinden wir uns im Mühltal. Nomen est omen, denn vor uns liegt die ehemalige Untere Mühle, die heute wieder insofern interessant ist, als in den Überlaufkanal kürzlich eine neuzeitliche Fischaufstiegshilfe, ein sogenannter Borsten-Fischpass, eingebaut wurde. Dann überqueren wir die Straße und setzen unsere Würmwanderung hinter der Gaststätte Forsthaus Mühltal fort.

Im Mühltal absolviert unser Fluss nun den landschaftlich schönsten Part seiner gesamten Reise: Ohne von Be- oder Verbauung eingeengt zu werden, darf die Würm nach Lust und Laune durch den lichten Buchenwald mäandern. Entlang des Wander- und Radwegs flussab freuen wir uns hier im Frühjahr über die ersten Leberblümchen, können den Ruf des scheuen Schwarzspechts hören und der Wasseramsel bei ihren Tauchgängen oder dem schnellen Flug knapp über der Wasserfläche zuschauen.

Kurz vor Gauting, beim Reismühler Feld, verlässt die Würm schließlich die Enge des Durchbruchtals. Links liegt die legendäre Reismühle, und geradeaus gelangen wir auf der Leutstettener Straße in den Ort hinein, wo wir uns auf der Münchner Straße nach links wenden. Auf der Straßenbrücke, beim alten Gautinger E-Werk, verabschieden wir uns für diesmal von unserem Fluss und marschieren die Bahnhofstraße hinauf zum Gautinger S-Bahnhof.

Gehzeit   Etwa 3 Stunden
Anfahrt   S6 nach Starnberg
Rückfahrt   S6 von Gauting
Einkehrvorschlag   Schlossgaststätte in Leutstetten

Starnberg und der Würmsee

Der 21 Kilometer lange und zwischen 2 und 5 Kilometer breite Starnberger See hieß noch bis 1962 offiziell Würmsee. Über die Jahrhunderte hat er eine steile Karriere vom einfachen Fischer- über den feudalen Fürsten- bis zum viel frequentierten Freizeitsee gemacht. Hauptort ist die an seinem Nordufer gelegene heutige Kreisstadt Starnberg, die aus zwei früheren Siedlungen – Achheim und Niederstarnberg – zusammengewachsen ist.

Für die Geschichtsschreiber wird der Ort erstmals interessant, als die Grafen von Andechs-Meranien zur Absicherung ihrer östlichen Gebietsgrenze gegen die auf dem nahen Karlsberg sitzenden Wittelsbacher im 12. Jahrhundert auf dem Starenberg ihr »castrum starnberch« erbauten. Später in Besitz der Wittelsbacher und Mitte des 16. Jahrhunderts von Herzog Wilhelm IV. erneuert, diente das Schloss als repräsentativer Sommersitz; der heute noch bestehende Gebäudeteil beherbergt das Starnberger Finanzamt. Etwas weiter südlich davon, an der Stelle eines weiteren wittelsbachischen Schlösschens, erhebt sich die 1764–1766 erbaute sehenswerte alte Starnberger Pfarrkirche St. Joseph mit prachtvoller Rokokoausstattung (u. a. Figuren von Ignaz Günther, Stuck Franz Xaver Feichtmayr, Deckengemälde Christian Wink).

Die bayerischen Herzöge und Kurfürsten erkoren den unweit ihrer Residenzstadt München gelegenen Würmsee schon beizeiten zu ihrer bevorzugten Sommerfrische. Legendär sind vor allem die feudalen Seefeste und Hirschhatzen des Barock, die von den Schlössern Starnberg und Berg ausgingen. Zu diesem Zweck gab beispielsweise Kurfürst Ferdinand Maria 1663 bei venezianischen Schiffsbauern die fast 30 Meter lange und gut 7 Meter breite, ganz in Blau und Weiß gehaltene und von 80 Ruderern bewegte Prunkgaleere »Bucentaur« in Auftrag. Um allen Wünsche der noblen Passagiere gerecht zu werden, lief das Schiff bei großen Festivitäten im Verbund mit einer stattlichen Flotte, bestehend aus weiteren Schiffen, Gondeln und Booten, aus. Dazu gehörten unter anderem mehrere Küchenschiffe sowie das Weinschiff, das Kammerherrenschiff, das Silberschiff, das Musikschiff, das Jagdschiff … Die Selbstdarstellung der Landesfürsten kannte in jener Zeit keine Gren-

Die Kreisstadt Starnberg am gleichnamigen See, dessen Ausfluss die Würm bildet. Oben rechts ehemaliges Wittelsbacherschlosses, links die Pfarrkirche mit sehenswerter Rokokoausstattung.

zen, und ganz Europa sprach von den Starnberger Seefesten mit spektakulären nächtlichen Illuminationen.

Mitte des 18. Jahrhunderts ging die Ära der Seefeste dann zu Ende, und auch der »Bucentaur« war in die Jahre gekommen und wurde 1758 abgewrackt. Als Modell im Maßstab 1:20 lebt er jedoch im Starnberger Heimatmuseum (nahe dem Bahnhof) in einer Glasvitrine bis auf den heutigen Tag weiter.

Mit Schloss Berg am Ostufer des Starnberger Sees verbindet man unweigerlich auch die letzten Tage des »Märchenkönigs« Ludwig II. Das seit 1676 im Besitz der Wittelsbacher befindliche Schloss gelangte zu trauriger Berühmtheit, als hier der gemütskranke, vom bayerischen Ministerrat für abgesetzt erklärte König zusammen mit seinem Arzt Dr. Gudden am 13. Juni 1886 im Starnberger See auf bis heute nicht zweifelsfrei geklärte Art und Weise ums Leben kam. An der Stelle, wo seine Leiche gefunden wurde, steht im Wasser ein Gedenkkreuz, auf der Uferböschung dahinter die um 1896–1900 erbaute Votivkapelle.

Neben Starnberg und Berg existieren rund um den Starnberger See noch weitere Schlösser und Schlösschen. So zum Beispiel am Ostufer Allmannshausen und Ammerland, am Westufer Possenhofen, Garatshausen, Tutzing, Höhenried; dazu kommt das Casino auf der Roseninsel. Ab Mitte des 19. Jahrhunderts ließen sich vor allem betuchte Bürger, vornehmlich aus München – Kaufleute, Künstler, Professoren – rund um den See schmucke Sommervillen errichten. Die Namen Kustermann, Miller, Finck, Pettenkofer, Loriot sind geläufig; Franz Graf von Pocci musste sein Ammerlander Schlösschen gar nicht erst selber bauen, er bekam es praktischerweise 1841 von seinem Dienstherrn König Ludwig I. geschenkt.

Der Run der VIPs auf den begehrten Starnberger See hält bis heute an. All die noblen Domizile kann man, wenn überhaupt, am besten bei einer Schiffsrundfahrt vom Wasser her in Augenschein nehmen.

Eines der ersten Sommerhäuser des 19. Jahrhunderts ließ sich übrigens 1827 der Münchner Architekt und Stadtbaurat Johann Ulrich Himbsel in Assenbuch errichten. Himbsel war auch der Initiator der Eisenbahnverbindung von Pasing nach Starnberg sowie der Dampfschifffahrt auf dem See. 1851 lief der erste Raddampfer »Maximilian« vom Stapel. Jetzt gab es für die honorigen Bürger aus München und dem Umland keine logistischen Hürden mehr für eine oft mehrwöchige Sommerfrische am Starnberger See. Noble Hotels und erschwingliche Privatquartiere entstanden.

1905 wurde in Starnberg das Undosa-Bad eröffnet, eines der ersten Bäder Deutschlands, in dem künstliche Wellen erzeugt werden konnten. Es existierte bis 1978. Das »Undosa« von heute ist ein Restaurant-Café.

Registrierte man in Starnberg 1912, dem Jahr der Stadterhebung, 3750 Einwohner, so sind es heute weit über 23 000. Und niemand wird je die Zahl der Ausflügler, Wanderer, Radler, Schifferlfahrer und Badegäste zählen, die zusätzlich vom Frühling bis in den Herbst Tag für Tag über Starnberg und den Würmsee hereinbrechen.

Karlsburg, Leutstetten, Petersbrunn

Zwei vorspringende, zur Flussseite hin steil abfallende Schottererhebungen im bewaldeten Höhenzug der Würmmoräne zwischen Leutstetten und Gauting zwingen die Würm dazu, jeweils einen großen Bogen zu beschreiben. Die südlichere

Die Kapelle erinnert an das einstige Würm-Kurbad Petersbrunn.

Erhebung ist der Karlsberg, weiter flussabwärts folgt der Schlossberg. Auf letzterem stand zwar nie ein Schloss, beide »Berge« (sie sind nur etwa 50 Meter hoch) wurden jedoch schon früh als Wach- und Verteidigungsbastionen genutzt.

Obwohl bereits seit dem frühen Mittelalter befestigt, ist auf dem Karlsberg erst um 1170 eine Burg beurkundet, die zu diesem Zeitpunkt den Wittelsbacher Pfalzgrafen gehörte. Sie hatten von hier aus ein wachsames Auge auf ihre Rivalen, die Andechs-Meraner in deren Starnberger Burg. Als dieses Geschlecht 1248 ausstarb, hatte sich der Machtpoker erledigt, und nachdem die Karlsburg 1315 in einer kriegerischen Auseinandersetzung stark beschädigt worden war, wurde sie nicht mehr aufgebaut. Aus ihren Steinen soll unter anderem 1565 Schloss Leutstetten errichtet worden sein.

Bauherr war in diesem Fall jedoch kein Wittelsbacher, sondern der Münchner Patrizier Hans Urmiller. Bis 1848 war Leutstetten Hofmarkschloss. Im April 1854 verlobte sich hier der österreichische Kaiser Franz mit seiner »Sisi« aus dem nahen Possenhofen. Ab 1875 machte dann Prinz Ludwig von Bayern, der spätere König Ludwig III., Leutstetten (mit Gut Schwaige, Rieden, Petersbrunn u. a.) zu einem landwirtschaftlichen Mustergut. Später war das Schloss Alterssitz von Kronprinz

Zum Bau des Leutstettener Schlosses im 16. Jahrhundert sollen Steine der abgebrochenen Karlsburg verwendet worden sein.

Rupprecht, der 1945 hier starb. Derzeitige Schlossherrin (nach dem Tod ihres Mannes Prinz Ludwig 2008) ist IKH Prinzessin Irmingard von Bayern.

Wer Leutstetten schon öfter besucht hat, wird seit einigen Jahren sicher die edlen braunen Pferde vermissen, welche die zahlreichen Koppeln nahe dem Schloss bevölkert hatten. Die seit 1915 bestehende wittelsbachische Zucht des Sárvárer/Leutstettener Pferdes, ursprünglich aus Ungarn stammend, wurde 2006 leider aufgegeben.

Während das Schloss für uns natürlich »off limits« ist, dürfen wir ins Innere der Leutstettener Kirche St. Alto hineinschauen. Sie besitzt eine sehenswerte Ausstattung: unter anderem einen Choraltar mit spätgotischen Schnitzfiguren, im linken Seitenaltar ein spätgotisches Relief »Pfingstwunder«, das dem Meister der Blutenburger Apostel zugerechnet wird, und im rechten einen unter der Mensa eingemauerten römischen Grabstein, der mit der »Villa rustica« (siehe Seite 34) in Verbindung gebracht wird. Im Chorbogen schwebt eine »Madonna im Rosenkranz« (um 1700), und in einer Nische der Südwand befindet sich ein dreiteiliges Gemälde von 1643 aus der nicht mehr existierenden Einbettlkapelle am südlichen Ortsrand. Es zeigt die heute weniger aktuellen Drei Jungfrauen Ainpet, Gberpet und Firpet, die man in früheren Jahrhunderten gern bei Pest und Kindsbetterkrankungen angerufen hat.

Wenn man vom Altokirchlein noch ein Stück auf der Straße weitergeht, kommt man zur Straßenbrücke über die Würm. Hier, etwa 100 Meter in Richtung Starnberg, steht rechts der Straße etwas zurückgesetzt die kleine Kapelle von Petersbrunn, die wohl manch einer vom Vorbeifahren kennt. Weniger bekannt ist allerdings, dass Petersbrunn einmal ein heilkräftiges Wildbad war, gegründet 1513 durch Herzog Wilhelm IV; die Peterskapelle geht noch auf diese Zeit zurück. Größere Popularität erlangte das Bad jedoch nie, hielt sich aber immerhin bis 1875. Es gab sogar ein kleines, gut frequentiertes Kurhotel, und man planschte in Badhütten sowie in der Würm, auf der auch Bootsfahrten abgehalten wurden. Sogar Schloss und Park Leutstetten waren zuletzt in den Kurbetrieb integriert. Der nostalgische Wirtshausausleger der Restauration des alten Petersbrunner Bads schmückt heute die Schlossgaststätte Leutstetten.

Gauting (1) und Villa rustica

Da, wo wir heute auf gepflegten Wegen durch eine abwechslungsreiche Wiesen-, Wald- und Flusslandschaft wandern, war der Mensch, wenn auch bei weitem nicht so komfortabel, als Jäger und Sammler bereits 4000 oder mehr Jahre vor unserer Zeitrechnung unterwegs. Früheste Siedlungsfunde in und um

Gauting datieren aus der Spätbronzezeit. Überbleibsel der Kelten im oberen Würmtal sind insbesondere zahlreiche markante Grabhügel sowie südöstlich von Gauting die große Viereckschanze, die etwa 200 v. Chr. entstanden ist.

Ab 15 v. Chr. begannen schließlich die Römer damit, von Süden her das Alpenvorland zu erobern. Sie errichteten ihre Provinz Raetien und überzogen sie mit einem weitläufigen Netz von Heer- und Handelsstraßen. In Gauting, dem römischen Bratananium und neben Gräfelfing der älteste Wohnort im Würmtal, trafen gleich zwei Hauptverbindungen zusammen: die Süd-Nord-Achse von Italien kommend über Augsburg zur Donau und die West-Ost-Trasse Bregenz – Kempten – Chiemsee – Salzburg. Ausgrabungen belegen die Existenz von Siedlungen entlang dieser Strecken; in Gauting hat man unter anderem Brandgräber, eine Therme, Töpferei, Wohnhäuser sowie eine Herberge entdeckt.

Auch die Gründung von Gutshöfen (Villae rusticae) geht auf die Römer zurück. Die Fundamente eines solchen Anwesens wurden 2002 südlich von Leutstetten teilweise ausge-

Ausgrabungsstätte der Villa rustica bei Leutstetten (Führung jeden 1. Sonntag von Mai bis Oktober, 15 Uhr).

graben. Diese Villa rustica gehörte einst dem aus dem heutigen Portugal stammenden römischen Hauptmann Publius Pintamus, der sich nach seiner Pensionierung im Würmtal niederließ. Das aus Tuffstein gebaute Landhaus hatte zehn Räume, zwei davon mit Fußbodenheizung, sowie ein kleines Bad – beides Annehmlichkeiten, auf welche die Römer in unseren rauen Breitengraden großen Wert legten. Nicht nur die Römer, auch das heutige Sommerbad der Gemeinde – ein ehemaliges Würmbad – präsentiert sich als »beheiztes Sport- und Familienbad«.

Wer in Gauting die Würm überqueren möchte, muss dies, zumindest mit dem Auto, auf der 2007 sanierten und verbreiterten Straßenbrücke tun. Das stattliche Gebäude an deren Südseite ist das alte Elektrizitätswerk von 1898, welches wiederum auf einen früheren Mühlenbetrieb zurückgeht; das heutige Wohnhaus wurde 1908 errichtet.

Sehenswert ist die katholische Filial- und Wallfahrtskirche Zu Unserer Lieben Frau (Frauenkirche), an der man auf dem Weg zum S-Bahnhof vorbeikommt. Der Bau wurde bereits in der ersten Hälfte des 15. Jahrhunderts begonnen und das Langhaus im 18. Jahrhundert erweitert. Im Hauptaltar befindet sich das Gnadenbild (15. Jh.); die Seitenaltäre stammen aus der Werkstatt Johann Baptist Straubs (Mitte 18. Jh.), und am Triumphbogen schwebt eine »Muttergottes im Rosenkranz« aus der zweiten Hälfte des 17. Jahrhunderts. Unter den Rotmarmorgrabsteinen erinnern auch einige an ehemalige Herren auf Schloss Fußberg (siehe Seite 45), wie zum Beispiel jener des Hans Dichtl.

Reismühle und andere Mühlen im oberen Würmtal

Wie die ehemalige Karlsburg, auf welcher der Sage nach im Jahr 747 oder 748 der nachmalige Kaiser Karl d. Große geboren sein soll, nimmt auch die Reismühle dieses Privileg für sich in Anspruch. Allerdings ist die seit Jahren stillgelegte Mühle, deren Gebäude unter anderem als Künstlerateliers genutzt werden, erst ab 1281 urkundlich nachweisbar. Doch Schenkungen einer mysteriösen fränkischen Prinzessin Kysila (möglicherweise eine Schwester Karls d. Großen) sowie der Flurname Königswiesen lassen vermuten, dass die Karolinger im 8. Jahrhundert im oberen Würmtal ein großes Königsgut besessen haben.

Noch heute existiert am Fuß des Karlsbergs im Mühltal die Untere Mühle. Sie stammt aus dem 13. Jahrhundert und ist eine der ältesten noch betriebsfähigen Mühlen entlang der Würm. Da die Mühle am Karlsberg nach dem Starnberger See das erste für Fische und andere Wasserlebewesen unpassierbare Querbauwerk an der Würm ist, hat die Flussmeisterstelle des Wasserwirtschaftsamts 2009 in den Überlaufkanal eine Fischaufstiegshilfe, einen sogenannten Borsten-Fischpass, eingebaut.

Früher nannte jede Ortschaft entlang der Würm mindestens eine Mühle – Getreide- und/oder Sägemühle – ihr Eigen. Sogar eine Pulvermühle gab es einmal. Sie entstand 1836 unterhalb des Schlossbergs und stellte Schwarzpulver her. Nach einer Explosion 1888 übernahm sie Julius Haerlin als Holzschleif für seine Gautinger Papierfabrik. Nach der Elektrifizierung wurden die verbliebenen Mühlen in die Stromerzeugung mit eingebunden, so auch die Gautinger Ortsmühle und die weiter flussab gelegene Grubmühle.

Links: Napomukstatue an der Gautinger Straßenbrücke über die Würm. Rechte Seite: Die Untere Mühle im Mühltal (links) und die zu Gauting gehörende Reismühle.

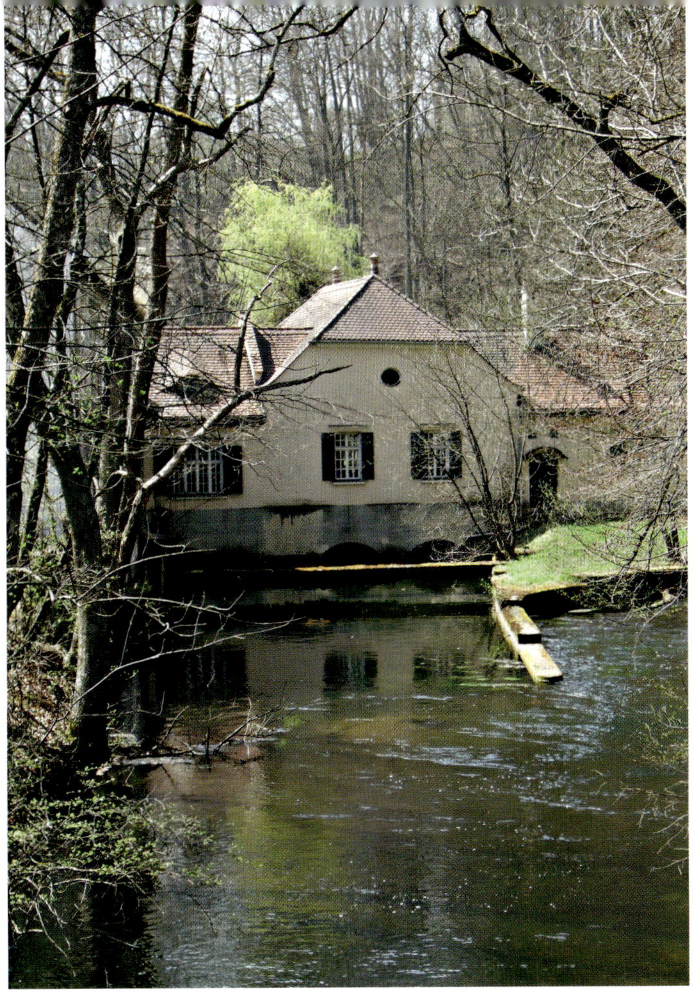

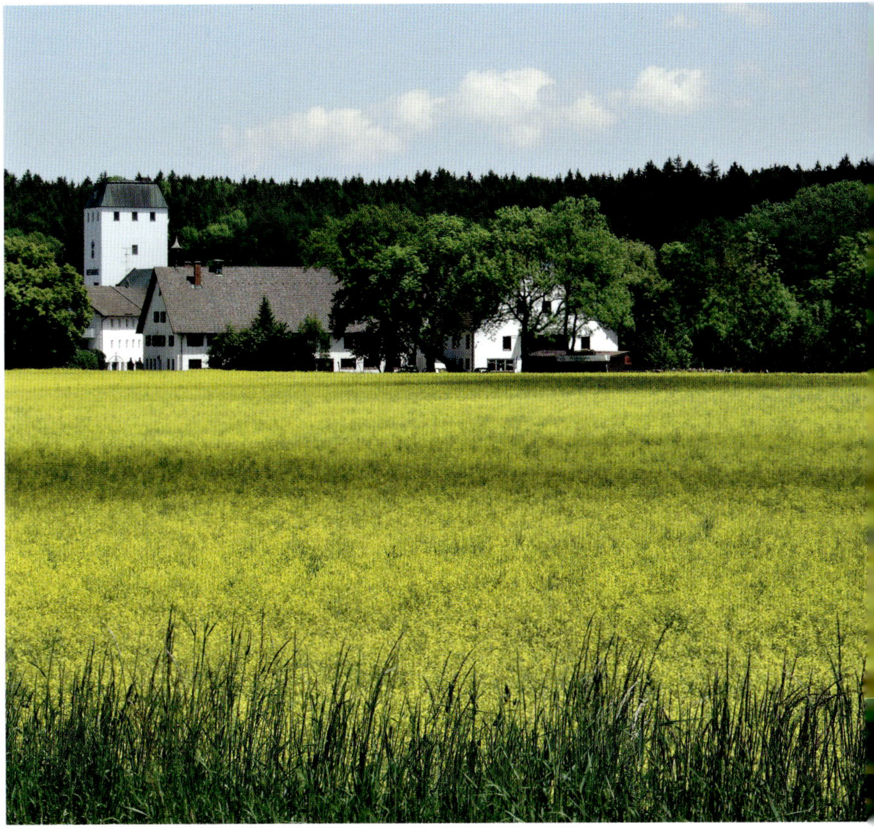

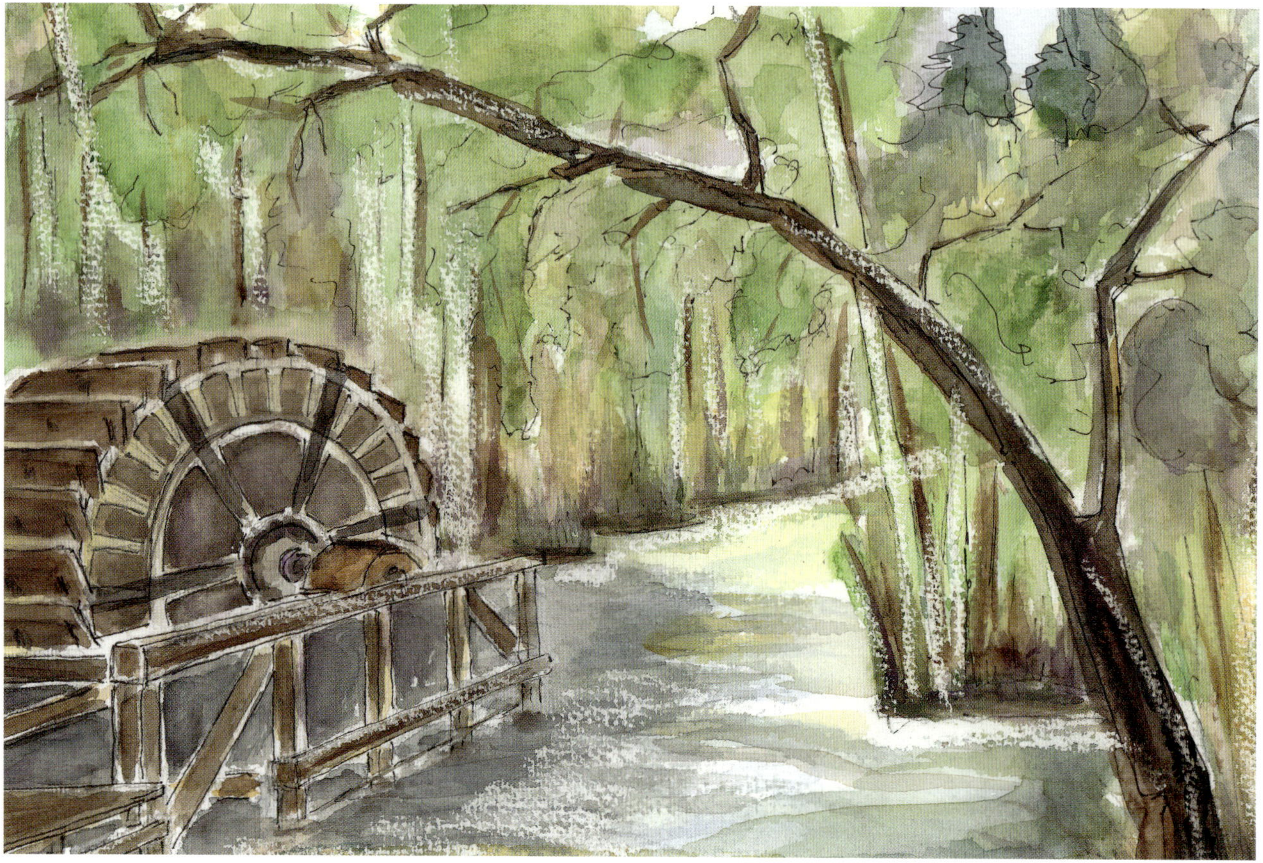

2 Gauting – Planegg

Vorbei an ehemaligen Hofmarkschlössern

Im Würmtal gibt es zahlreiche ehemalige Hofmarkschlösser. Manche von ihnen stehen heute noch, beispielsweise Fußberg und Planegg; andere, wie etwa Krailling, sind verschwunden. Bei den genannen handelt es sich um jene Schlösser – oder deren Überreste –, auf die wir bei dieser 2. Wanderetappe stoßen. Als Hofmarkschloss bezeichnete man ab Mitte des 12. Jahrhunderts den Sitz eines adeligen oder klösterlichen Herrn, der dazu bevollmächtigt war, von den auf seinem Grund und Boden ansässigen Bauern und Handwerkern Abgaben und Dienstleistungen zu verlangen sowie auch die niedere Gerichtsbarkeit auszuüben. Die Hofmarken wurden 1848 im Zuge einer Verwaltungsreform abgeschafft.

Vom S-Bahnhof Gauting gehen wir auf der Bahnhofstraße abwärts in den Ortskern, direkt auf den stattlichen Bau des alten E-Werks zu. Auf der Straßenbrücke über die Würm und an der linken Seite der Münchner Straße geradeaus weiter, bis wir bei der Pfarrkirche St. Benedikt links in den Pfarrweg einbiegen können. An seinem Ende wenden wir uns nach links und überqueren auf einer schmalen Holzbrücke die Würm. Hier hat man das historische Wasserrad wieder aktiviert, das bis zur Wende des 19./20. Jahrhunderts in der Gautinger Papierfabrik seinen Dienst tat.

Die Würm zeigt sich wieder mal von ihrer romantischen Seite: malerisch zwischen altem Baumbestand dahinfließend, überspannt von Fußgängerbrücken und bevölkert mit zahlreichen Wasservögeln. Wir folgen unserem Fluss ein kleines Stück, biegen dann nach links in die Straße Am Würmufer ab und gelangen so hinaus zur Grubmühlerfeldstraße. (Es gibt zwar eine Abkürzung durch das Wegelabyrinth der verschachtelten Häuserblocks, aber die lässt sich nur schwer beschreiben.) Auf der Grubmühlerfeldstraße rechts, die Straße Am Schlosspark wieder rechts und an deren Ende links in den Park von Schloss Fußberg.

Zwischen dem einstigen Hofmarkschloss (im Besitz der Gemeinde, nicht zu besichtigen) und der Remise hindurch nach links bummeln wir auf romantischem Weg durch den leicht verwilderten, einstmals im Stil eines englischen Landschaftsgartens angelegten Park und begrüßen wieder unsere Würm, die hier ganz nebenbei auch einen angrenzenden privaten Weiher speist.

Mit dem Flusslauf verlassen wir bald darauf das Parkgelände und spazieren, anfangs etwas über Stock und Stein, später auf einem schmalen Weg direkt am linken Ufer entlang. Linker Hand liegt das nur teilweise bebaute Grubmühler Feld, dessen Freizeitwiese bis zur Würm heranreicht. Auch hier ist die Würmaue als Landschaftsschutzgebiet ausgewiesen. Die geschützte Magerrasenflora und -fauna erschließt sich allerdings eher dem

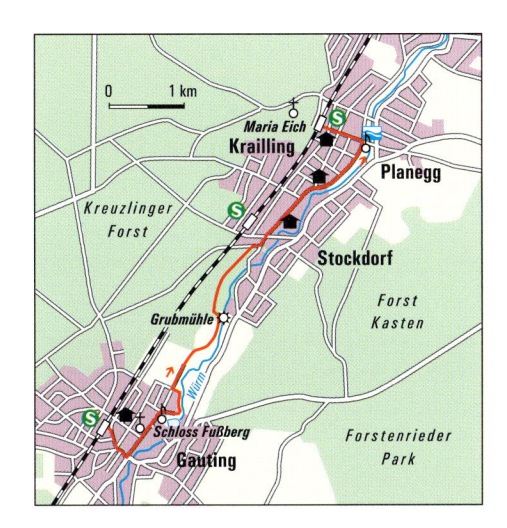

Die Würm in Gauting.

botanisch kundigen Betrachter. Später landen wir auf einem Teersträßchen, das rechts auf die Grubmühle (heute Gewerbepark und Fitnessstudio) zuläuft.

Das war's dann fürs Erste mit einem längeren direkten Würmkontakt. Wir wenden uns nach links und schlagen den zweiten Waldweg rechts ein. Er mündet in Stockdorf in die Waldstraße. Diese geradeaus, die Waxensteinstraße rechts, die Zugspitzstraße links, gerade über den Harmsplatz in den Mitterweg und weiter nach Krailling. Die Kraillinger Brauerei mit großem, schattigem Biergarten direkt an der Würm bietet sich bei dieser Etappe als erste — wenn auch gewiss nicht einzige — Rast- und »Tankstelle« an. Eigenes Bier wird allerdings seit 1972 nicht mehr gebraut; der Gerstensaft kommt heutzutage vom Ingolstädter Herrnbräu.

Alt und Neu in Krailling gut kombiniert: Linnermühle und Gemeindebücherei.

Unterhalb der angrenzenden Straßenbrücke (Linnerbrücke) über die Würm hat die Gemeinde Krailling vor ein paar Jahren einen hübschen Badeweiher angelegt. Sein Vorläufer war das flussaufwärts gelegene Trinklbad, von dem von der Brücke aus noch ein paar überwucherte hölzerne Umkleidekabinen zu sehen sind. An der Brücke zweigt auch der kanalisierte Mühlbach ab, einstiger Energielieferant der alten Linnermühle, neben der seit 2009 die neue Gemeindebücherei steht.

Weiter auf der Margaretenstraße geradeaus können wir unterhalb des Gartens des Ristorante Da Rosario beobachten, wie sich der Mühlbach wieder mit unserer Würm vereinigt. An der Kraillinger Rathausbrücke passieren wir dann den Alten Wirt sowie wenig später das hübsche Margaretenkirchlein.

Gleich nach dem Planegger Ortsschild erhebt sich das von hohen Mauern abgeschirmte stattliche ehemalige Planegger Hofmarkschloss, dessen schöner Landschaftspark von der Würm durchflossen wird (privat, nicht zu besichtigen). Hier mündet die Margartenstraße in die Bahnhofstraße. Vis-à-vis steht der Campanile (»Ringelstrumpf«) der Planegger Pfarrkirche, und rechts, neben dem Bräustüberl, entdecken wir bei der Straßenbrücke eine nostalgische Würm-Rarität: das im Sommer heute wie bereits zu Großvaters Zeiten gern genutzte Planegger Würmbad.

Auf der Bahnhofstraße nach links gelangen wir schließlich entlang der Planegger Einkaufsmeile zum S-Bahnhof.

Die sehenswerte Kraillinger Margaretenkirche.

Gehzeit Knapp 2 Stunden
Anfahrt S6 nach Gauting
Rückfahrt S6 von Planegg
Einkehrvorschlag Kraillinger Brauerei in Krailling

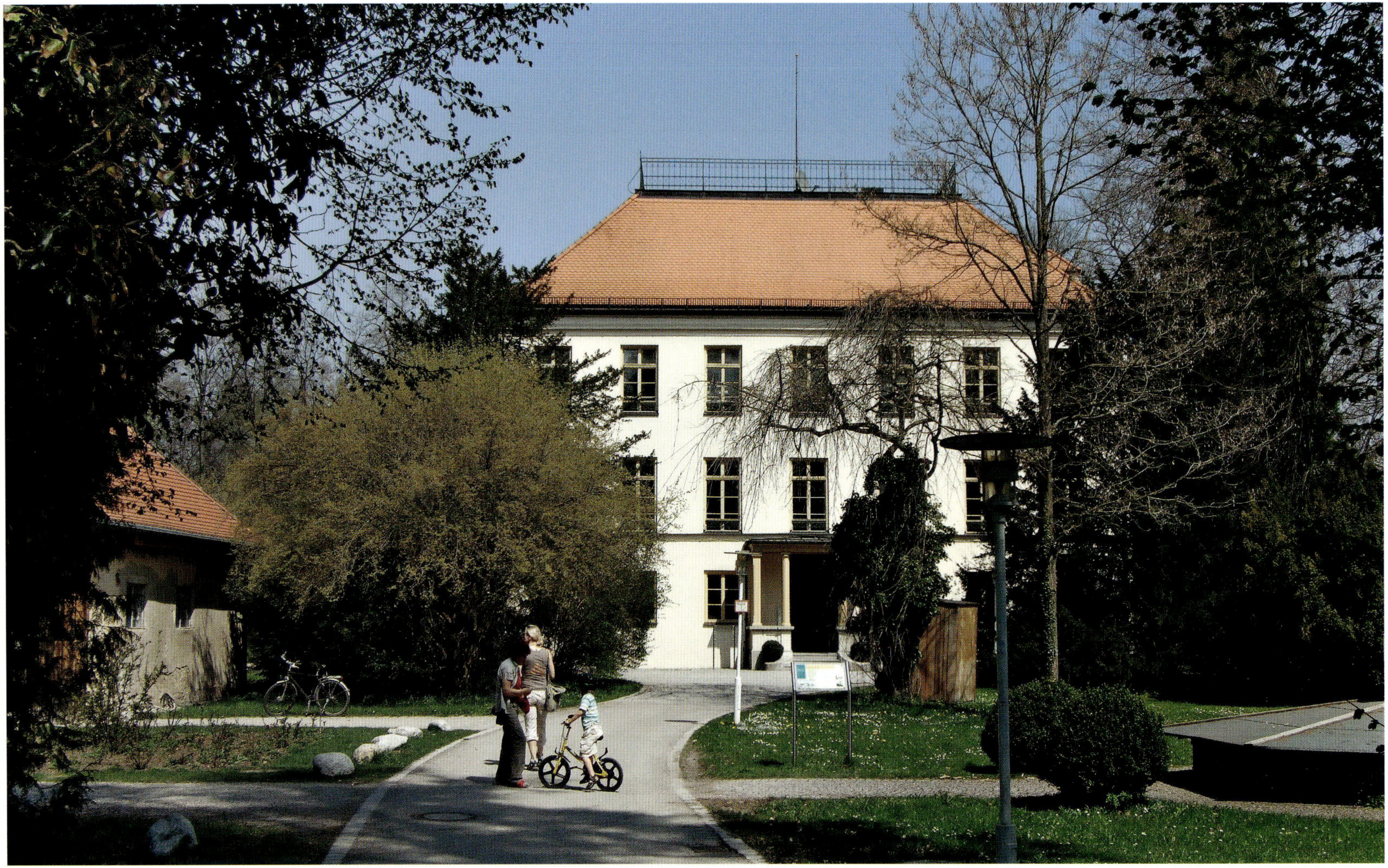

Gauting (2) und Schloss Fußberg

Die Römerzeit in Bratananium (siehe Seite 33) ging etwa in der zweiten Hälfte des 4. Jahrhunderts n. Chr. zu Ende. Ungefähr ab dem 5. Jahrhundert gründeten dann die aus Böhmen über den Donauraum eingewanderten Bajuwaren entlang der Würm ihre Siedlungen, wobei sie sich an den alten Römerstraßen orientierten. Diese ersten bajuwarischen Ansiedlungen erkennt man heute noch an ihren »ing«-Endungen: Gauting, Krailling, Gräfelfing, Pasing, Pipping, Menzing – benannt nach den jeweiligen Anführern, wie zum Beispiel Gudo oder Godo für Gauting. Was soviel bedeutete wie »bei Godo und seinen Leuten«.

Das Gautinger Schloss Fußberg geht bis auf das 12. Jahrhundert zurück. Damals noch eine Veste, war es unter den bayerischen Herzögen, die den Rittern Fuß auch die Verwaltung der Karlsburg (siehe Seite 31) übertrugen, in die Verteidigungsanlagen entlang der Würm eingebunden. Im 16. Jahrhundert in ein respektables Schloss umgebaut (von dem heute nur noch der Mittelbau steht), fungierte Fußberg bis 1803 als Hofmarkschloss.

Fußberg wechselte des Öfteren seinen Herrn. Zu den heute noch manch einem bekannten Namen zählen beispielsweise die von Preysing, die Münchner Patrizierfamilien Püttrich und Ligsalz sowie der Herzogliche Rat Dichtl von Tutzing. Von 1621 bis zur Säkularisation 1803 gehörte Fußberg zum Andechser Klosterbesitz. Dann folgten wieder Umbauten und neue Eigentümer, darunter der Bildhauer Rudolf Schwanthaler und – als schillerndste Persönlichkeit von allen – zwischen 1819 und 1826 Baron von Hallberg-Broich, genannt der »Eremit von Gauting«. Ein weit gereistes vielseitiges Genie, das seine Mitmenschen immer wieder mit neuen Ideen, vor allem aber mit seiner skurrilen Lebensart und Kostümierung verblüffte.

Von 1893 bis 1981 war Schloss Fußberg zum letzten Mal in Privatbesitz, und zwar von Julius Haerlin, dem die nahe gelegene, heute nicht mehr existierende Papierfabrik sowie als Zulieferbetrieb auch die zur Holzschleif umgebaute Pulvermühle südlich der Reismühle gehörte. Heutiger Schlossbesitzer ist die Gemeinde Gauting, die es an ein Wirtschaftsunternehmen vermietet hat. Die in engagierter Arbeit eines Fördervereins ausgebaute Remise dient Veranstaltungszwecken.

Linke Seite: Nur noch der Mittelbau steht noch vom einstigen Gautinger Hofmarkschloss Fußberg; links die Remise.

Stockdorf und Krailling

Stockdorf ist ein Ortsteil Gautings und war ebenfalls bereits in der Spätbronzezeit besiedelt. In den Wäldern ringsum hat man über zwanzig gut erhaltene Grabhügel gefunden. Erste urkundliche Erwähnungen Stockdorfs erfolgten 1242 bzw. 1279. Der älteste Ortsteil entstand um die mittelalterliche, Mitte des 19. Jahrhunderts erneuerte St.-Vituskirche in der Bahnstraße.

Krailling ist auf unserer Würmwanderung der letzte Ort, der zum Landkreis Starnberg gehört. Die Gemeinde feierte im Sommer 2009 mit der Eröffnung einer modernen Bücherei in der Margaretenstraße 53 die Wiederbelebung ihres historischen Ortskerns. Historisch deshalb, weil das Gebäude über dem Standort des ehemaligen Hofmarkschlosses (vor 1600–1810) aufgeführt wurde. Bei Grabungsarbeiten entdeckte man dabei die Fundamente des Schlosses. Mit einer Überdachung versehen, kann man die Mauerreste nun als sogenanntes Bodendenkmal im Garten der Bücherei besichtigen: ein gelungener und nicht alltäglicher Einblick in die Geschichte des Würmtals!

Hausherren im Kraillinger Hofmarkschloss waren ab 1586 über hundert Jahre lang die Muggenthals. Weitere prominente Namen, die manch einem heute zumindest noch von den Straßenbezeichnungen her ein Begriff sind, lauten: von Berchem, Ruffin und Hörwarth. Letzteren gehörte bereits die Hofmark Planegg, womit beide zusammen- und damit Krailling stillgelegt wurden.

Das neue Büchereigebäude steht auf dem Gelände der frisch renovierten historischen Linnermühle. Sägewerk und Mühle wurden 1875 errichtet. Das Sägewerk existiert nicht mehr, die Getreidemühle auf der Wüminsel kann als Museum im Rahmen von Führungen besichtigt werden.

Am anderen Ufer von Mühlenkanal und Würm befindet sich an der Linnerbrücke der ebenfalls aus jüngerer Zeit stammende, schön angelegte Bergerweiher – das Kraillinger Bade- und Freizeitdorado des 21. Jahrhunderts. Ende des 19. bis Mitte des 20. Jahrhunderts war dies das weiter flussauf gelegene Trinklbad. Ein ehemaliges Schwimmbecken sowie das Restaurantgebäude halten bei Nostalgikern die Erinnerung an dieses einstmals sehr beliebte Familienbad an der Würm wach.

Mit der kleinen Margaretenkirche besitzt Krailling ein sehenswertes Gotteshaus direkt an der Würm, über die seit 2008 auch eine Bogenbrücke als Verbindung hinaus zur Gautinger Straße besteht.

Das Kirchlein wurde als Nachfolgerin eines Vorgängerbaus Ende des 15. Jahrhunderts errichtet und 1682 umgestaltet. Blickfang im Innern ist der Rokoko-Choraltar mit einer spätgotischen Muttergottes im Zentrum, flankiert von den Heiligen Margarete und Leonhard. An der Langhaussüdwand eine weitere spätgotische Marienskulptur sowie anstelle der Seitenaltäre weiß gefasste Büsten Christi und Mariens aus der Werkstatt Johann Baptist Straubs. Leider kann man den Kirchenraum normalerweise nicht einsehen, nicht mal ein vergittertes Guckfensterl gibt es; schade.

Planegg

Während Krailling noch in den Landkreis Starnberg eingebunden ist, gehört Planegg bereits zum Landkreis München. Der privilegierte Wohn- und Geschäftsstandort im Würmtal geht auf den Gutsbesitz eines gewissen Jörg Tomlinger zurück,

Das von der Würm umflossene Planegger Schloss wird seit mehreren Generationen von Mitgliedern der Familie von Hirsch bewohnt.

den dieser 1409 an den Bayernherzog Wilhelm III. verkaufte. Der wiederum brauchte ihn als Abfindung für seinen unehelichen Sohn Konrad von Egenhofen und ließ »Planegk«, wie es sich damals schrieb, standesgemäß zu einer Veste ausbauen. 1442 wurde Planegg Hofmark und ging als solche 1474 in den Besitz der Familie Lung über; 1666 folgten die Herren von Hörwarth (das Planegger Wappentier, die Eule, findet sich ursprünglich im Hörwarther Familienwappen). Einer ihrer Nachfahren, Johann von Hörwarth, musste wegen finanzieller Schwierigkeiten 1732 an Johann Baptist von Ruffin verkaufen, der das auf einer Würminsel erbaute Schloss mit integrierter Schlosskapelle St. Magdalena schließlich so umgestaltete, wie es sich uns präsentiert. Weiter dreht sich das Besitzerkarussell über Friedrich Graf von Thürheim (ab 1817) bis zum Bankier Jakob von Hirsch, dessen Nachfahren das Planegger Schloss bis auf den heutigen Tag bewohnen.

An der Brücke nördlich des Schlossareals erfreut sich bereits seit 1864 allsommerlich das »Baron Hirsch'sche Schwimm- und Wellenbad« vor allem bei der Planegger Jugend großer Beliebtheit. Es ist nur eines von etwa zwanzig Würmbädern, die im 19./20. Jahrhundert entlang der Würm existierten – und das letzte, das immer noch genutzt wird. Ungeachtet der Tatsache, dass seit Jahren ein offizielles Badeverbot für die Würm besteht.

Prominenter Einwohner von Planegg war von 1941 bis zu seinem Tod 1948 der bayerische Volkssänger und Komiker Karl Valentin (»'s Valentin-Haus« Georgenstraße 2/Ecke Germeringer Straße). In einem seiner unnachahmlichen Sketche fischt er zusammen mit seiner Partnerin Liesl Karlstadt »in der Würm mit Würm«. Begraben liegt Valentin Ludwig Fey, wie er mit bürgerlichem Namen hieß, auf dem Planegger Friedhof.

In die Kategorie prominente Wirte im Großraum München gehört allemal die Familie Heide. Sie bewirtschaftet neben der Planegger Traditionsgaststätte Heide-Volm am S-Bahnhof auch das Bräuroslzelt auf dem Münchner Oktoberfest. Und alle Jahre wieder stiftet sie der Gottesmutter von Maria Eich eine dicke Votivkerze für ein gutes Gelingen der Wies'n – anscheinend mit Erfolg.

Rechte Seite: An der Kraillinger Linnerbrücke befindet sich diese hübsche Freizeitanlage mit einem von Würmwasser gespeisten Badeweiher.

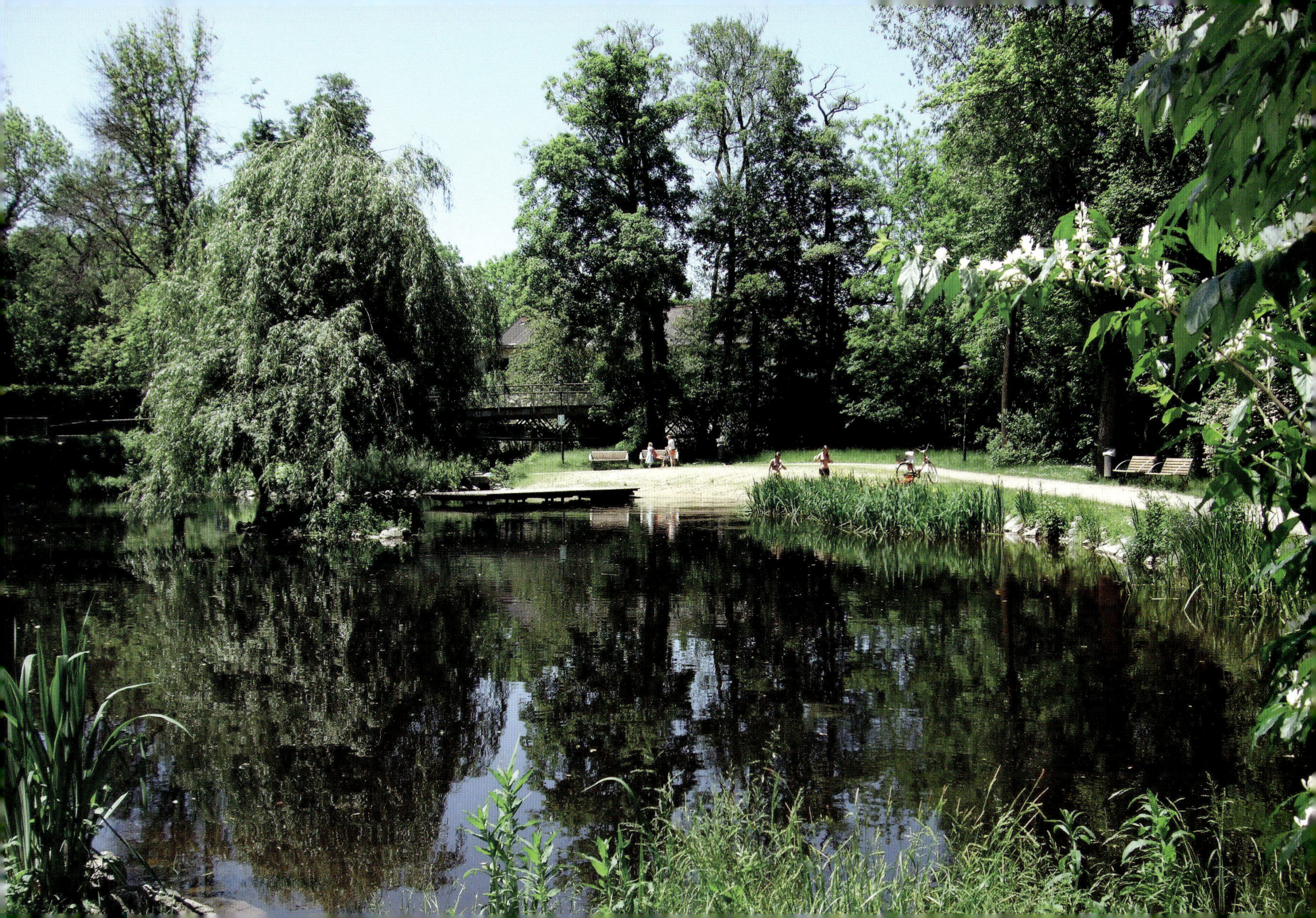

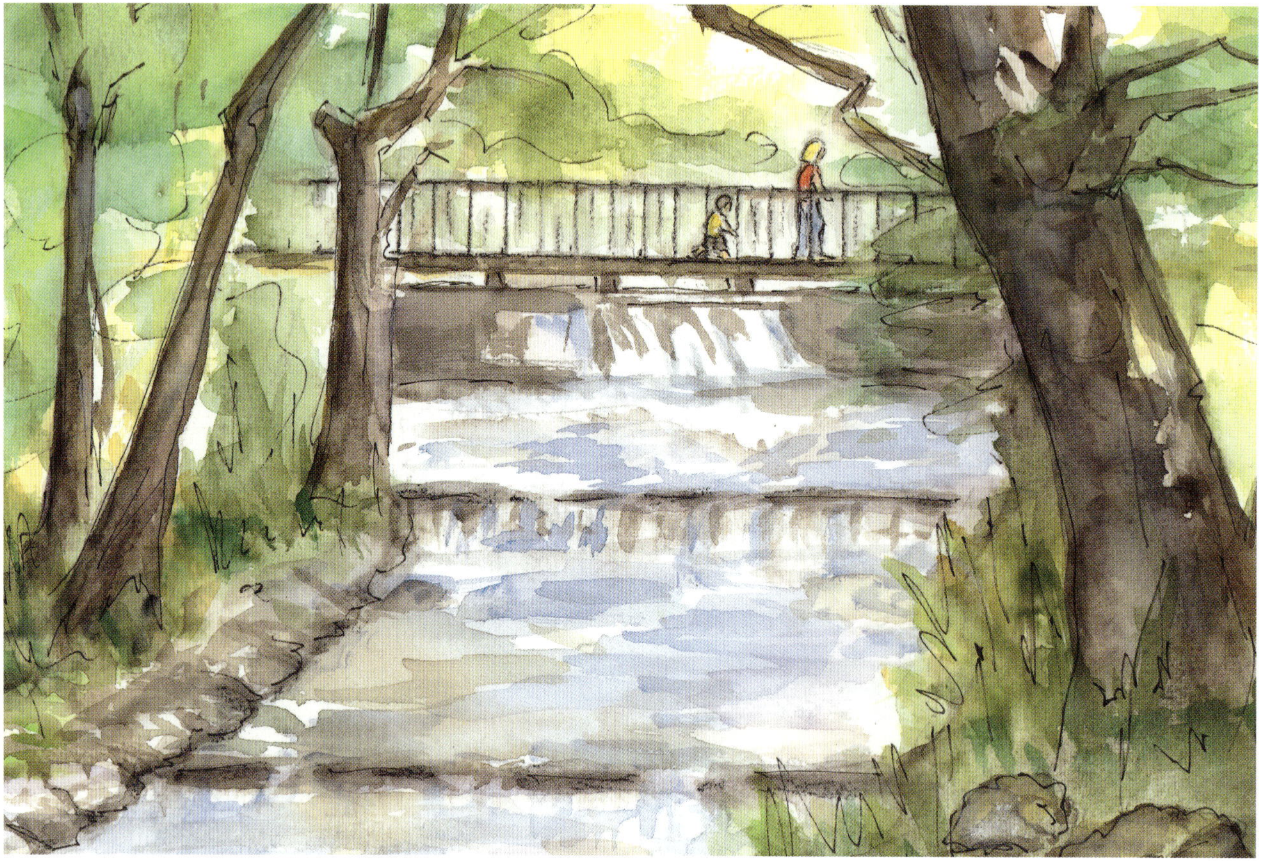

3 Planegg – Pasing

Entlang der Würm durch den Pasinger Stadtpark

Diese Wanderung führt unter anderem durch den Pasinger Stadtpark, der sich zwischen alter Pasinger Pfarrkirche und Lochhamer Falle erstreckt, wo er nahtlos in den zu Gräfelfing gehörenden Paul-Diehl-Park übergeht. Den Anfang des Stadtparks bildete eine Parkanlage, die ab 1815 um das ehemalige Prinz-Carl-Schlösschen, später Gatterburg, angelegt wurde und 1929 teilweise in den Besitz der damaligen Stadt Pasing gelangte. Ursprünglich auf einer Fläche von rund 20 Hektar im Stil eines englischen Landschaftsgartens gestaltet, wurde der Stadtpark zur BUGA 2005 im Bereich der einstigen Pasinger Papierfabrik erweitert.

Mit der S-Bahn in Planegg angekommen, machen wir, wie so viele, zunächst einmal in der kleinen, idyllisch am Waldrand gelegenen Wallfahrtskapelle Maria Eich der Gottesmutter unsere Aufwartung. Um dorthin zu gelangen, verlassen wir die Unterführung entgegengesetzt zum Ortsausgang, wo uns der Kaplan-Wehrle-Weg schnell zu Gnadenkapelle, Wallfahrtskirche und Augustinerklösterl bringt.

Unsere Wanderung beginnen wir dann entlang dem Bahnhofweg, der in die Kreuzwinkelstraße übergeht, und überqueren beim Alten- und Pflegeheim Planegg die Germeringer Straße. Unter der Bahnüberführung durch und gleich danach die Hofmarkstraße links hinein. Wir spazieren auf der Hutfeldstraße nach rechts und die querende Georgenstraße links — dann werden wir am Ortsanfang von Gräfelfing endlich von unserer Würm begrüßt.

Machen Sie nach rechts über das Brückerl den lohnenden Abstecher zur altehrwürdigen, schön renovierten Steinkirchener Georgskirche. Danach weicht unser Wanderwg bis zum Endpunkt die-

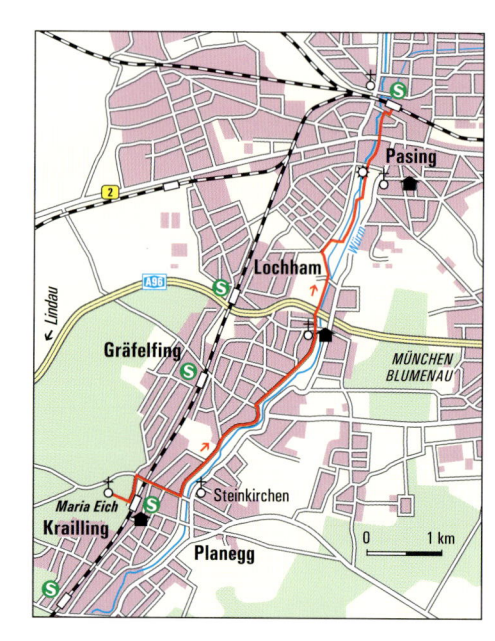

Rechte Seite: Die idyllisch am Waldrand gelegene Wallfahrtskapelle Maria Eich.

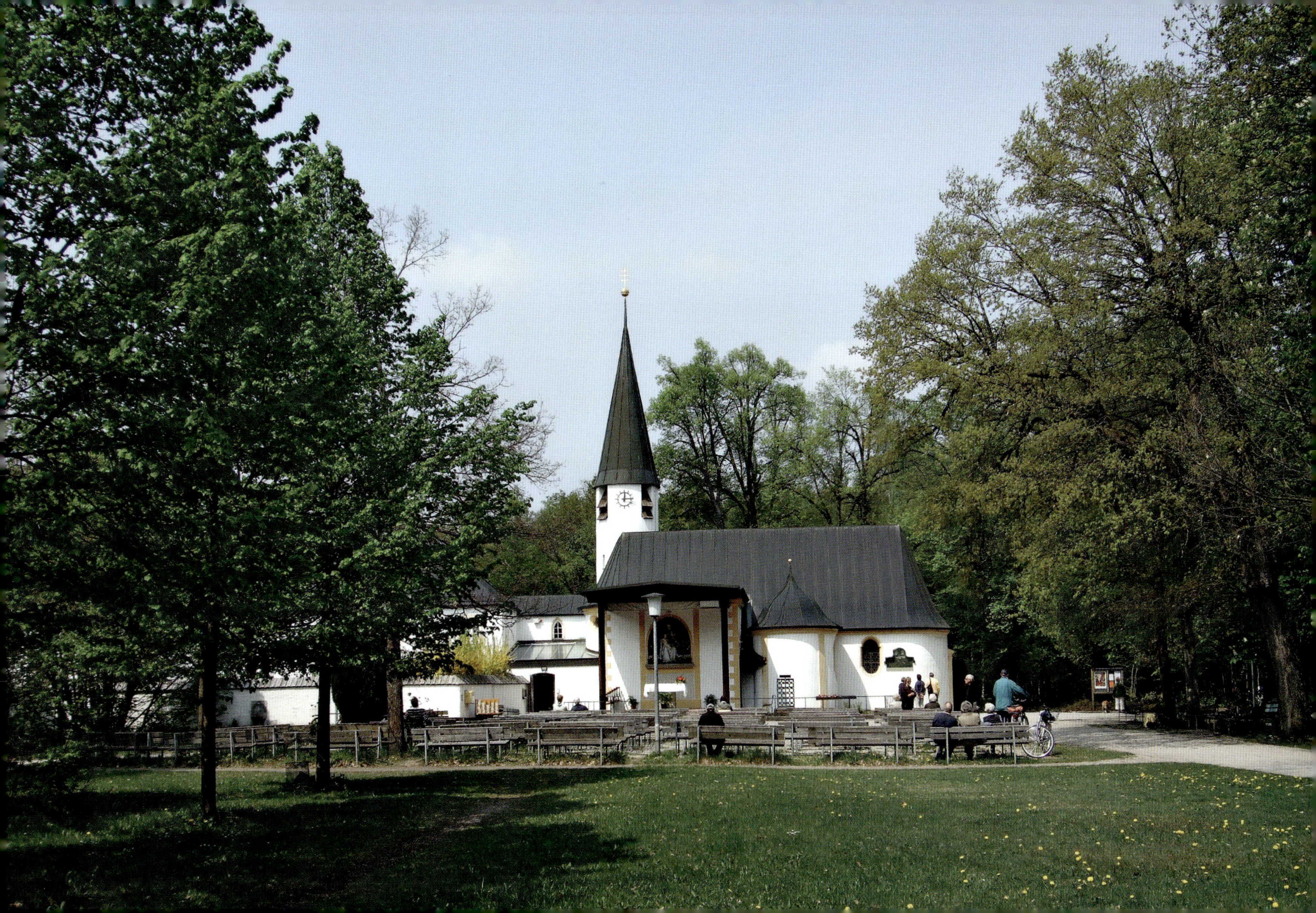

ser Etappe der Würm nicht mehr von der Seite. Wir gehen zunächst auf dem Fußweg zwischen Tennisplätzen und Ufer weiter, zu Wasser begleitet von Stockenten und Kanadagänsen. Eine Brücke führt zur modernen Evangelischen Friedenskirche hinüber; wir bleiben jedoch auf der Stefanusstraße geradeaus. Links, in der Schmidbauerstraße, ist der Eingang zur Doemens-Schule, einer international renommierten Brauerei- und Mälzerei-Fachschule. Und rechts, beim Haus Stefanusstraße 9, können wir nach rechts einen Abstecher über den kleinen Wiesenstreifen zum Würmwehr mit einer Brückenverbindung zur Planegger Straße machen. Dort kann man sich die ausrangierten Laufräder und den Stromgenerator der ehemaligen Kraemer'schen Kunstmühle anschauen, die bis 1984 Strom erzeugt hat.

Die Stefanusstraße weiter geradeaus, überqueren wir anschließend die Bahnhofstraße — links steht die alte Gräfelfinger Pfarrkirche St. Stephan — und folgen nun entlang der Würmstraße weiterhin unserem Fluss. Später biegen wir nach rechts in den Kirchweg ein und halten uns auf dem Fußweg am Würmufer entlang. In diesem Bereich ist jüngst durch ökologischen Ausbau ein neuer Seitenarm entstanden, der auch von der Pasinger Straße her zugänglich ist.

Wir befinden uns nun im Gräfelfinger Stadtteil Lochham. Immer weiter zwischen Freizeitwiese und Würm, die hier im Sommer gern zum Baden genutzt wird, münden wir schließlich in den Kirchweg ein und wenden uns auf diesem nach rechts. Links steht die Lochhamer Filialkirche St. Johannes Baptist, rechts

Ohne die Würm wäre der Pasinger Stadtpark nur halb so schön. Oben der Zusammenfluss von Kanal und Nebenarm kurz vor dem Parkende in Pasing.

schöpft ein kleines Wasserrad eifrig Würmwasser, und geradeaus landen wir an der Ampelanlage der Lochhamer Straße. Auf der gegenüberliegenden Seite spazieren wir nun den Paul-Eipper-Weg geradeaus weiter. Doch zunächst bremst das Wirtshaus Lochhamer's an der Ecke unweigerlich unsere Schritte und lenkt sie erst einmal zum Ausrasten in den angenehm schattigen Biergarten direkt an der Würm.

Mit dem Fuß-/Radweg überqueren wir dann die Autobahnbrücke und befinden uns nun im Paul-Diehl-Park. Der Würm ist es egal, welchen Namen die sie begleitenden Anlagen tragen. Sie fließt nach wie vor zu unserer Rechten bis zur Wehranlage, der sogenannten Lochhamer Falle, wo sie dann in den landschaftlich schönen, rund 20 Hektar großen Pasinger Stadtpark hineinströmt.

An der Lochhamer Falle wird die Würm geteilt. Geradeaus verläuft der breitere Kanal. Er ist im 19./20. Jahrhundert von der ehemaligen Pasinger Papierfabrik genutzt worden und durchfließt jetzt, in ein hohes Betonkorsett gezwungen, als »Canal Grande« die auf dem einstigen Werksgelände entstandene Wohnanlage. Noch davor befindet sich an seinem Ostufer das alte Wasserwerk, ein nostalgisches Pumpwerk von Anfang der 1920er-Jahre zur Versorgung der Pasinger Haushalte mit Trinkwasser.

Unser Wanderweg folgt an der Lochhamer Falle dem linken, frei fließenden Arm, der sich zunächst zu einem Weiher verbreitert — ein beliebtes Zamperlbad — und dann wieder schmäler wird. Später erreichen wir einen zweiten, romantisch eingewachsener Weiher. Hier geht es über ein Brückerl und weiter geradeaus (links stehen noch einige Häuser der 1894 erbaute Waldkolonie des Architekten Louis Ende). Nun wandern wir am rechten Würmufer entlang im Schatten alter Bäume und vorbei an einem Wiesenstreifen. Erst bei der letzten Brücke — im Vorausblick die Betonburg des Klinikums München-Pasing — rechts über den Würmkanal, der sich nahe dieser Stelle wieder mit dem frei fließenden Strang vereinigt. Wir wenden uns nach links und erreichen die querende Engelbertstraße, sehen rechts die alte Pasinger Pfarrkirche mit ihrem Spitzturm und wandern weiter am rechten Würmufer entlang.

Hier befinden wir uns im ältesten Teil Pasings. An die Kirche schließt der weitläufige Park des Klosters der Englischen Fräulein (Congregatio Jesu) an mit der von Würmwasser umflossenen Insel, auf der einst das Pasinger Hofmarkschloss stand. Links erhebt sich die stattliche ehemalige Steinermühle (Hallermühle), die zu einer attraktiven Wohnanlage direkt am Wasser umgebaut wurde. Und in etwa da, wo der neue blaue Kindergartenbau steht, war ab Mitte des 18. Jahr-

In Pasing, an der Lochhamer Falle, ist die Würm ein beliebtes Zamperlbad.

hunderts ziemlich genau hundert Jahre lang das Steinerbad etabliert.

Bald danach, bei der Einmündung des Sträßchens Am Wasserschloss in die Institutstraße, überqueren wir die Würmbrücke. Auch an dieser Stelle sei noch einmal ein Rückblick in Pasings »gute alte Zeit« erlaubt. Denn hier gab es bis etwa Mitte der 1950er-Jahre die sogenannte Rossschwemme, eine flache Furt in der Würm, in welche die Pasinger Bauern nach getaner Arbeit ihre Pferde zur Abfrischung ins Wasser trieben.

Nach der Brücke knicken wir mit dem Fuß-/Radweg nach rechts ab und benutzen die Straßenunterführung. Gehen Sie auf der anderen Seite, vorbei an der kleinen Nepomukkapelle, die paar Schritte zur Straßenbrücke hinaus, und werfen Sie einen Blick hinunter auf die Würm. So werden Sie Zeuge, wie der erste »Schlosskanal«, der Pasinger Kanal, nach rechts von der Würm abgeleitet wird, um daraufhin Schloss Nymphenburg zuzustreben. Das Wehr und das liebevoll angelegte, von Gartenzwergen bewachte Blumen- und Nutzgärtchen auf der kleinen Insel ist das Refugium des Schleusenwärters.

Wieder zurück auf dem Fuß-/Radweg wenden wir uns nach rechts und überqueren das Brückchen über die zur Ader gelassene Würm. Linker Hand, wo jetzt Bänke und ein Sandkasten stehen, war einmal das Reichlbad an der Ernsberger Straße, das zweite ehemalige Hütten- und Schwimmbad Pasings.

Wir überqueren auch die Kanalbrücke, wenden uns auf dem Manzingerweg kurz nach links und erreichen schließlich auf der Irmonherstraße den Pasinger Bahnhof. Das historische Bahnhofsgebäude von 1873 muss sich aktuell (2010) eine Beton-Einhausung mit monströsen Büro- und Geschäftsbauten gefallen lassen, die im Zuge der Pasinger Nordumgehung entstehen.

Schleusenwärterhäuschen an der Pasinger Bodenseestraße; hier wird der Pasinger Kanal (rechts) via Nymphenburg abgeleitet.

Gehzeit   Etwa 2 Stunden
Anfahrt   S6 nach Planegg
Rückfahrt   S3, 4, 6, 8, 20 von Pasing
Einkehrvorschlag   Wirtshaus Lochhamer's in Lochham

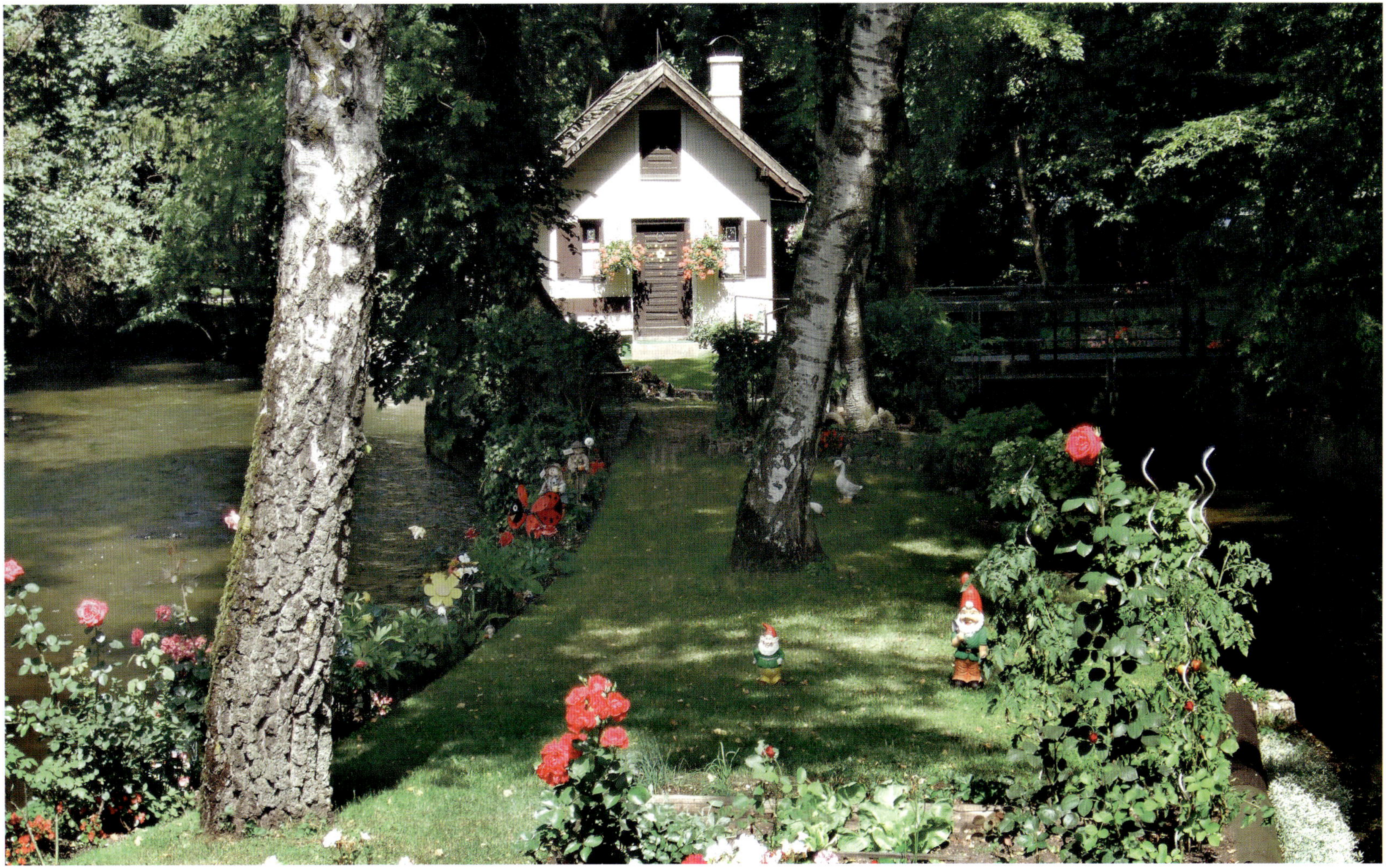

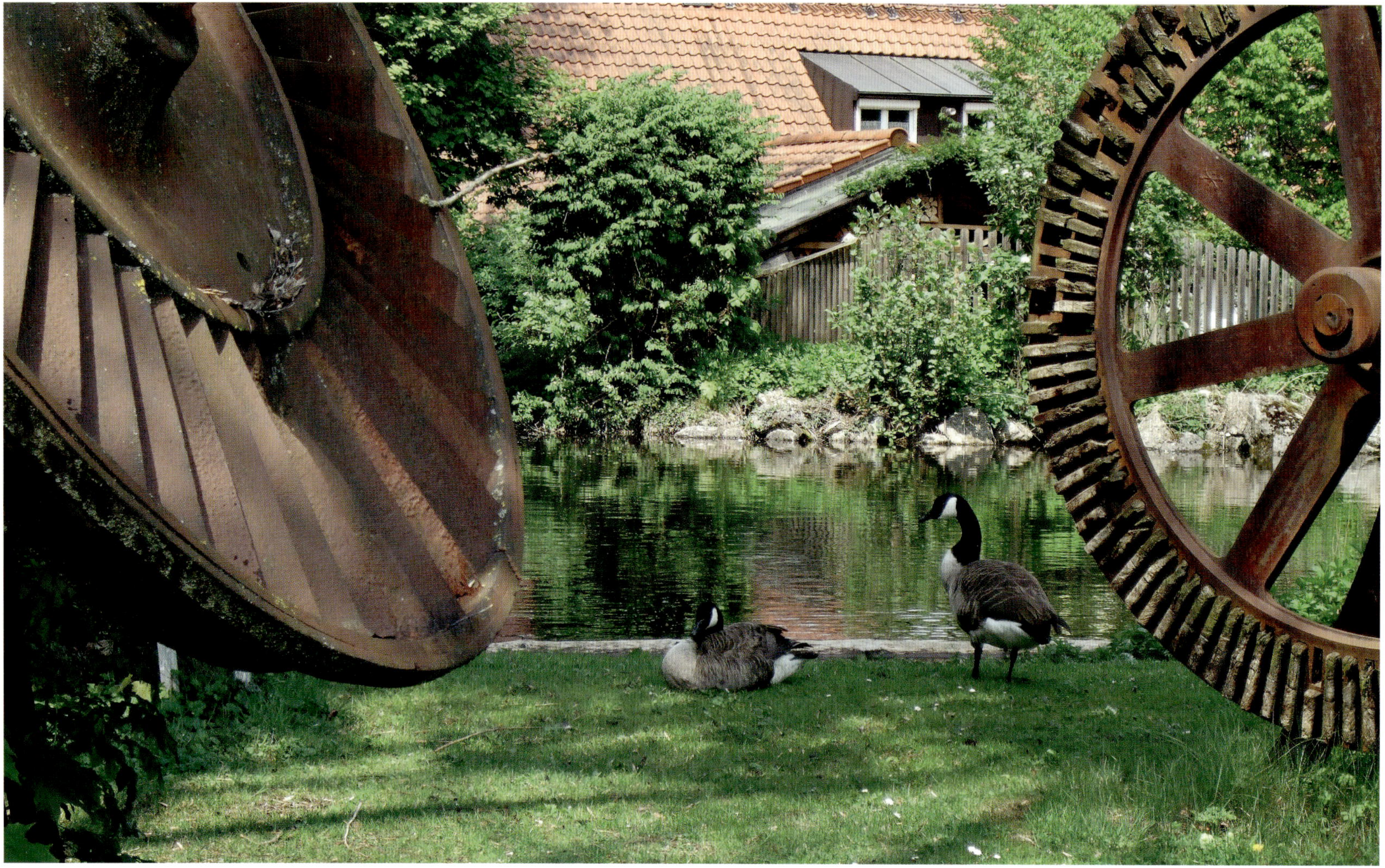

Planegg

Beschreibung siehe Seite 47.

Maria Eich

Die kleine, aber nichtsdestotrotz sehr beliebte Marienwallfahrt gehört zur Gemeinde Planegg. Kirche und Augustinerklösterl liegen abseits vom Ortskern auf einer Wiesenlichtung am Ostrand des Kreuzlinger Forsts. Die Geschichte der Wallfahrt geht auf eine kleine Marienstatue zurück, die zwei Planegger Buben 1710 in einer hohlen Eiche aufstellten, wo ihr zunächst wenig Beachtung geschenkt wurde, bis sich gut zwanzig Jahre später zwei wundersame Heilungen ereigneten. Daraufhin wurde 1734 eine kleine Holzkapelle und 1745 eine steinerne Kapelle um den Eichenstamm herum erbaut.

Das spektakulärste Ereignis ist sicher jenes aus dem Jahr 1775, allwo: »Ein abgejagter Hirsch in seiner vollen Flucht, hat

Linke Seite: Natur und Technik in Gräfelfing – Kanadagänse zwischen Maschinenteilen der ehemaligen Krämer'schen Kunstmühle.

Wie die Wallfahrt entstand, schildert eine Tafel an der Gnadenkapelle von Maria Eich.

Schutz und Sicherheit an diesem Ort gesucht…« Der durchlauchtigste Jäger, Kurfürst Maximilian III., befahl daraufhin, das Tier zu schonen. So steht's zu lesen auf dem Bildtaferl neben dem Kapelleneingang. Im Innern erwarten den Besucher eine Vielzahl alter Votivtafeln. Die Dreifaltigkeitsgruppe im Hauptaltar über dem Strahlenkranz der Gnadenfigur hat kein Geringerer als der bekannte Barockbildhauer Johann Baptist Straub geschaffen.

Seit Abschluss der Renovierungsarbeiten 2008 lohnt sich auch ein Blick in die Wallfahrtskirche: lichter, harmonischer

Innenraum, moderne Glasfenster von Johannes Schreiter und im Mittelpunkt die ansprechende Holzskulptur einer jugendlichen Maria mit Kind von Carola Heine.

Steinkirchen

Zu Planegg gehört auch die Steinkirchener St.-Georgskirche. Sie erhebt sich inmitten eines alten, aufgelassenen Friedhofs direkt an der Würm. Ein erstes Georgskirchlein existierte hier wohl schon seit dem 10. Jahrhundert. 1315 ist es erstmals als Filiale der Pfarrei Puchheim erwähnt, zu welcher damals auch Planegg zählte. Die erste romanische Kirche existierte bis 1745. Drei Jahre später erfolgte die Grundsteinlegung zum Neubau, der erst in jüngster Zeit generalsaniert wurde. Wie in Maria Eich stoßen wir in Steinkichen bei der Innenausstattung auf Johann Baptist Straub; er schuf die Figuren des Hochaltars, in welchem auch eine spätgotische Madonna zu sehen ist. Die Seitenaltäre stammen aus der Planegger Pfarrkirche St. Elisbeth.

Die direkt an der Würm gelegene, 250 Jahre alte Steinkirchener St.-Georgskirche wurde in jüngster Zeit generalsaniert.

Gräfelfing

Die Endung »ing« besagt es schon: Auch Gräfelfing wurde im Zuge der bajuwarischen Landnahme des 6. Jahrhunderts gegründet. Und zwar von einem gewissen Grevol und seinen Mannen. 763 berichtet die Gründungsurkunde des Benediktinerklosters Scharnitz von einem noblen Gönner namens Reginperht, der neben anderen Besitzungen auch solche in »Grefol vinga« stiftete. Aller Wahrscheinlichkeit nach war diese Reginperht-Sippe ein Zweig des bajuwarischen Hochadelsgeschlechts der Huosi, das seine Besitzungen vor allem im Raum zwischen Gebirge und Ammer, Starnberger und Ammersee hatte (Huosigau).

Bereits 802 ist in Gräfelfing eine Kirche beurkundet. Es handelt sich um die Vorgängerin der heutigen, in der zweiten Hälfte des 15. Jahrhunderts neu erbauten und 1728 umgestalteten und verlängerten alten Pfarrkirche St. Stephanus bei der Würmbrücke. Unter dem Dachansatz des Chors verläuft ein buntes Vierpassfries aus Formziegeln. Im Innern: barocke Altäre, spätgotischer Taufstein und Emporenbrüstung sowie Chorbogenkruzifixus, ferner eine Muttergottesfigur mit Echthaar und Gewändern unter einem Rokokobaldachin.

Historische Grabsteine auf dem aufgelassenen Friedhof der alten Gräfelfinger Pfarrkirche St. Stephanus.

Ein Epitaph von 1515 erinnert an die Seeholzener Hofmarksherren Rißhaimer (Wolfgang Risheimer), einen der Besitzer von Schloss Seeholzen. Das Schloss gibt es schon lange nicht mehr. Es stand dereinst auf einer Würminsel unterhalb des »Gocklbergs«, etwa auf dem Gelände des Altenheims St. Gisela westlich der Kurve, welche die Pasinger Straße hier beschreibt.

Das Zentrum Gräfelfings, ehedem im Bereich Stephanusstraße, Kirche und Würmbrücke gelegen, hat sich längst vom Fluss entfernt und erstreckt sich westwärts entlang der

Bahnhofstraße. Nachdem Gräfelfing Bahnstation geworden war, entwickelte sich ab etwa 1900 in ihrem Umkreis die hübsche Villensiedlung, von der heute noch der eine oder andere reizvolle Jugendstilbau inmitten eines romantisch eingewachsenen Gartens zu sehen ist.

Lochham

Interessant für den Würm-Wanderer ist in diesem Ortsteil Gräfelfings insbesondere der Paul-Diehl-Park. Benannt nach einem ehemaligen Bürgermeister (1948–1969), erstreckt sich die Anlage zwischen Autobahn und Pasinger Stadtpark und umfasst vor allem die einstige Schäferwiese.

Die Lochhamer Filialkirche St. Johannes Baptist am Kirchweg existierte schon vor der ersten urkundlichen Erwähnung von »Lohen« im Jahr 1256. Ältere Bauteile wie der Chor und der Satteldachturm, wohl vom Ende des 15. Jahrhunderts, wurden in den Neubau integriert.

In Lochham befindet sich an der Würm der Nachbau eines früheren Wasserrads von 1896.

Pasing (1)

Der nämliche Reginperht wie in Gräfelfing taucht auch in den geschichtlichen Anfängen Pasings auf. Ebenfalls im 6. Jahrhundert von einem Anführer namens Paoso oder Paso gegründet, stiftete Reginperht laut Gründungsurkunde von Scharnitz 763 auch Grundbesitz »in villa Pasingas«. Noch bis ins 14. Jahrhundert hinein ist Pasings Geschichte urkundlich nur spärlich belegbar.

Eine Burg Pasing, auf der Ministerialen des Freisinger Hochstifts saßen, wurde 1381 erstmals in den Lehensbüchern genannt. Diese erste Befestigungsanlage, eine Wasserburg, von der bis auf den heutigen Tag noch ein viereckiger Raum mit mächtigem Kreuzgratgewölbe unterhalb des Häuschens auf der Würminsel im Garten des Anwesens der Englischen Fräulein erhalten ist, wurde im Lauf der Jahrhunderte zu einem ansehnlichen Hofmarkschlösschen um- und ausgebaut.

Schlossherren waren die Püttrich, Neuburger und, ab 1668, von Berchem. Der Münchner Reichsfreiherr Anton von Berchem hatte es sich zum Ziel gesetzt, möglichst alle Hofmarken im Würmtal zu erwerben; bei Menzing mit Blutenburg und Pipping (1676) sowie Krailling (1687) ist ihm dies auch gelungen. Zwar zerfiel unter seinen Nachkommen dieses »Würmtalimperium« wieder, Pasing blieb jedoch bis 1815 in Berchemschem Familienbesitz.

Dann kaufte König Max I. Joseph das Hofmarkschloss, ließ es abreißen und etwa 200 Meter würmaufwärts das Prinz-Carl-Schlösschen erbauen, das er 1817 seinem Sohn schenkte. Zu den nachfolgenden Besitzern zählte unter anderem ab 1840 der Augsburger Fabrikant Karl von Beck, Gründer der Pasinger Papierfabrik (1843), und ab 1862 dessen Schwiegersohn Reichsgraf Franz von Gatterburg. Dieser ließ das Schloss 1869/70 erneuern; seitdem heißt es Gatterburg. Seit 1923 ist »die Gatterburg« im Besitz des Ordens der Passionisten.

Zur Gatterburg gehörte Mitte des 19. Jahrhunderts auch das Firmengelände der Pasinger Papierfabrik. Diese stellte damals einen der ersten industriellen Großbetriebe Münchens dar und stillte ihren immensen Wasserbedarf mit Hilfe eines eigens angelegten Werkskanals aus der Würm. Der Aushub hierfür modelliert bis heute den Pasinger Stadtpark. 1995 schloss die Pasinger Papierfabrik (Technocell) für immer ihre Pforten; Schornstein und Betriebsgebäude wurden abgerissen und das Gelände mit großen, engbrüstig zusammenstehenden Wohnblocks bebaut.

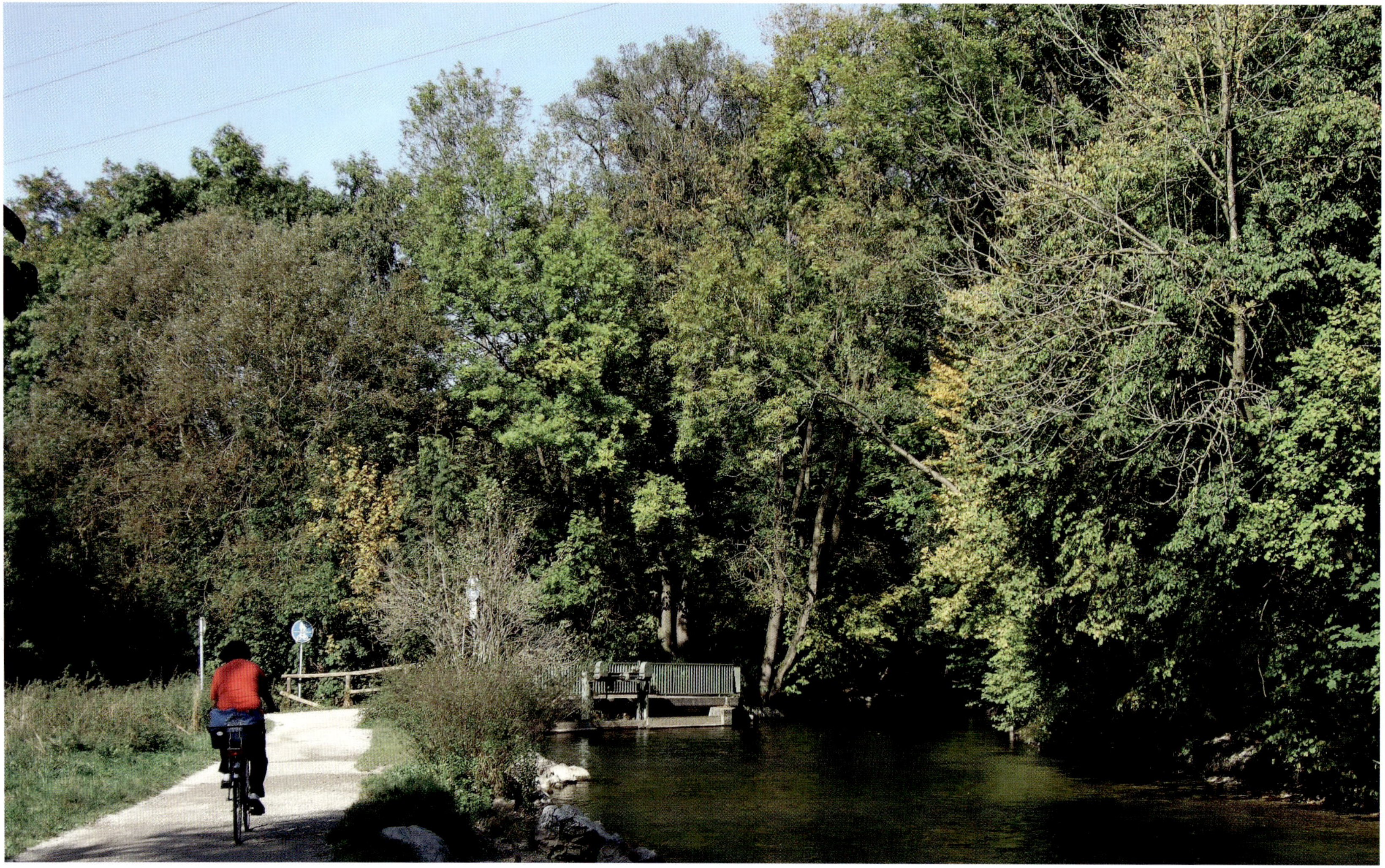

Zum Mittelpunkt des alten Dorfs Pasing zählte einst neben dem Burgstall des Hofmarkschlosses die Dorfmühle (zuletzt Steinermühle, Hallermühle, jetzt Eigentumswohnungen) sowie die gotische alte Pfarrkirche (ab 1881) Mariä Geburt, von der noch der Chorraum von 1495 im Original erhalten ist. Ein Blick ins Innere lohnt sich, zumal die Kirche direkt an unserem Wanderweg steht.

Seit fast 150 Jahren ist der Orden der Englischen Fräulein – beziehungsweise der Congregatio Jesu, wie er seit 2004 offiziell heißt – mit Pasing verbunden. Angefangen hat es damit, dass die Maria-Ward-Schwestern 1862 in der heutigen Planegger Straße den Maierhof kauften, um dort eine »Kinderbewahranstalt« sowie eine Schule für Waisenkinder einzurichten. 1866 folgte ein Mädcheninternat, 1893 eine Höhere Töchterschule sowie eine Volksschule. Kloster-, Wohn- und Lehrgebäude beanspruchten immer mehr Raum. Dazu kommen bis heute der große Garten und die Parkanlage rings um die Würminsel, auf der einst das Hofmarkschloss stand; im historischen Kel-

Linke Seite: Ab der Lochhamer Falle speist die Würm hauptsächlich den Werkskanal der ehemaligen Papierfabrik.
Rechts: Chor der alten Pasinger Pfarrkirche Mariä Geburt.

lergewölbe lagern die Klosterfrauen ihr Obst und Wintergemüse. Seit einigen Jahren widmet sich der Orden vorrangig der Pflege alter und kranker Mitschwestern und leitet von Pasing aus die Mitteleuropäische Provinz der Congregatio Jesu.

Die Englischen Fräulein hatten den Grundstein dazu gelegt, dass sich Pasing nach und nach zur »Schulstadt« entwickeln konnte, was vor allem nach der Stadterhebung von 1905 der Fall war. Von Grund- und Hauptschule über Berufs-, Realschule bis Gymnasium und Fachhochschule ist heute alles vertreten.

Neben traditionellen Klöstern hat Pasing aber auch eine Moschee. Sie steht ebenfalls an der Planegger Straße, nur etwa 200 Meter Luftlinie von den »Englischen« entfernt. In den über zehn Jahren des Bestehens haben sich türkisch-islamisches Kulturzentrum, Kirchen und Gemeinde gut miteinander arrangiert.

Rechte Seite: Das historische Dorfzentrum Pasings stellte im Mittelalter eine Wasserburg dar, die auf der Würminsel im heutigen Klostergarten der Englischen Fräulein stand.
Links: Auch eine Mühle war von jeher wichtig. Die Mühlentradition in Pasing setzte sich bis ins 20. Jahrhundert fort; danach wurde die einstige Steiner-/später Hallermühle zum Wohnhaus umgebaut.

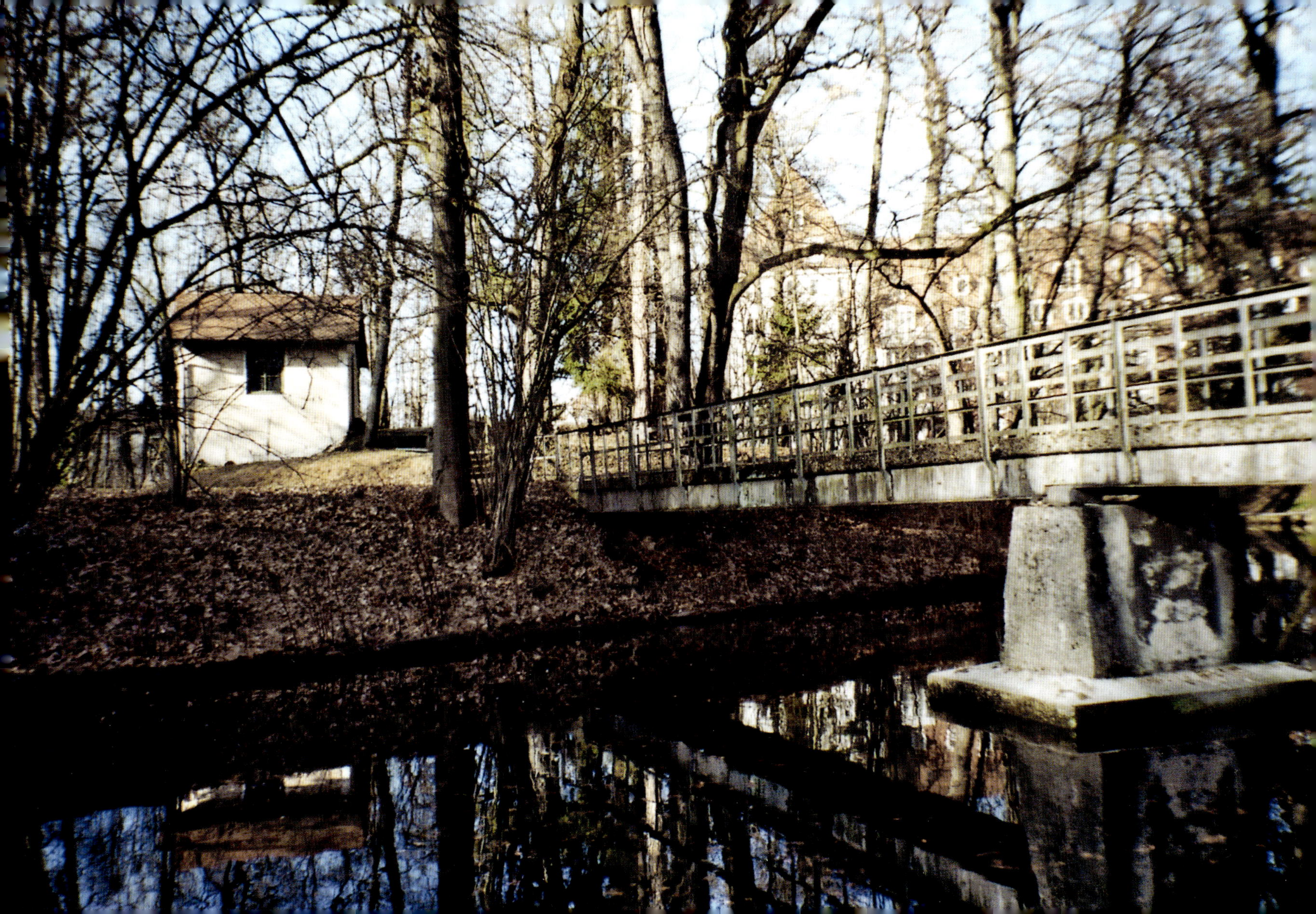

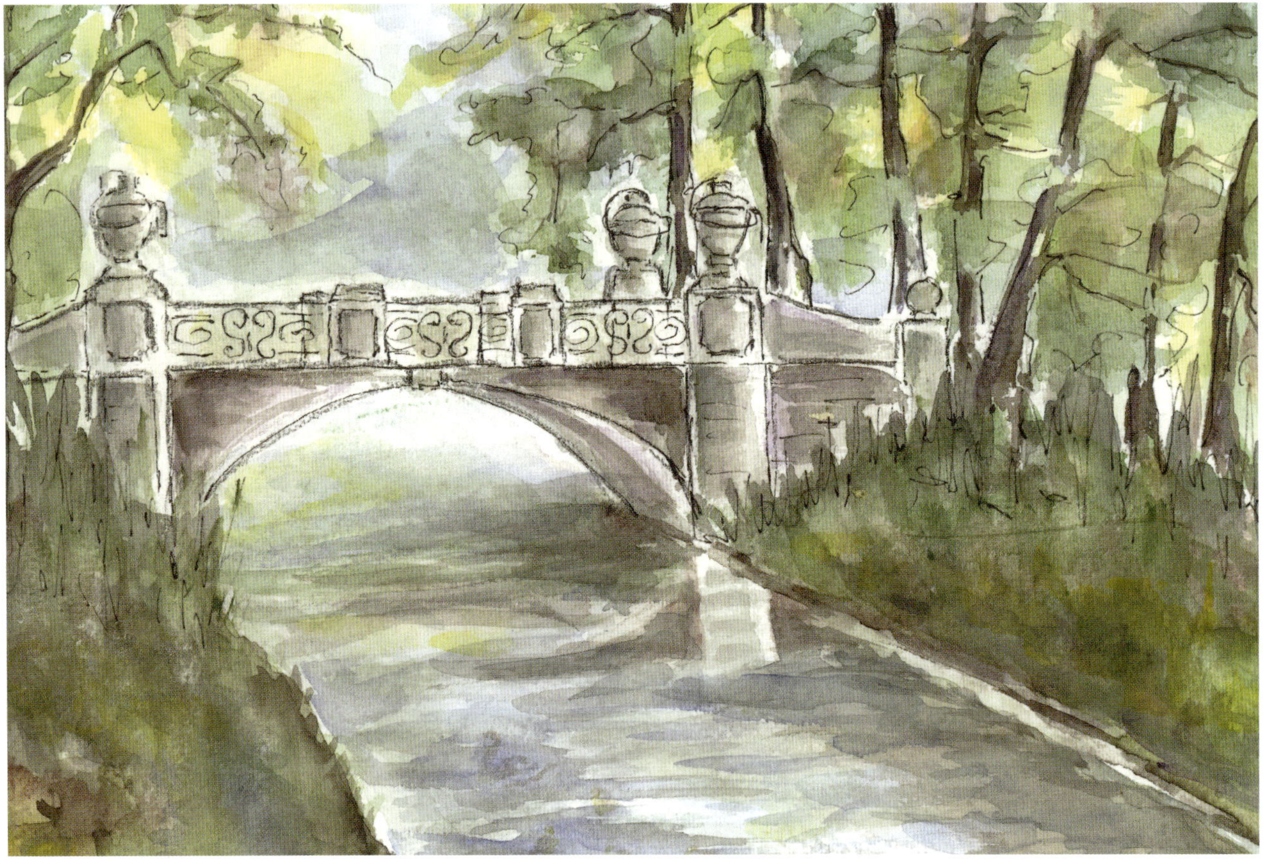

4 Pasing – Nymphenburg

Mit dem Pasinger Kanal in den Nymphenburger Schlosspark

Im Zentrum Pasings, an der Brücke über die Bodenseestraße, wird der Würm zum ersten Mal Wasser für einen Kanal abgezapft, nämlich rund 2,2 Kubikmeter pro Sekunde. Es fließt in den 1701–1703 unter Kurfürst Max Emanuel gegrabenen Pasinger Kanal, der nach 3 Kilometern den Nymphenburger Schlosspark erreicht und dort weitere Kanäle und Kanälchen sowie diverse Wasserspiele speist. Diese Wanderetappe folgt dem Kanallauf in und durch den Park, wo Sie je nach Lust und Zeit auch noch das Schloss und die Parkburgen und/oder den angrenzenden Botanischen Garten besuchen können.

Was wäre der Nymphenburger Schlosspark ohne Schwäne und andere Wasservögel.

Nachdem wir den Pasinger S-Bahnhof durch den Nordausgang verlassen haben, fädeln wir sofort links in den Hellihofweg ein, vorbei am Kultur- und Bürgerzentrum Pasinger Fabrik. Danach überqueren wir die Theodor-Storm-Straße hin zur Straßenbrücke über den Kanal und folgen nun rechts oder links davon dem Wasserlauf.

An der zweiten Brücke, bei der Gaststätte Speisemeisterei, kehren wir dem Kanal fürs Erste den Rücken, biegen links in den Westerholzweg sowie wenig später rechts in den Schirmerweg ein und wandern dann auf dem Fußweg entlang unserer, nach dem Entzug des Kanalwassers etwas geschrumpften Würm weiter flussabwärts. Links, am anderen Ufer, steht die sehenswerte gotische Pippinger Kirche St. Wolfgang, und bald darauf taucht das malerische Ensemble von Schloss Blutenburg mit vorgelagertem Weiher auf, der sein Wasser natürlich von der Würm bezieht und Tummelplatz zahlreicher Enten und Gänse ist.

Nach der Besichtigung der spätgotischen Kirche und vielleicht auch einer Rast in der gemütlichen Schlossschänke ziehen wir mit Blickrichtung auf den Zwiebelturm der Obermenzinger Kirche ostwärts weiter, und zwar am besten am rechten Rand der großen Wiese. Immer geradeaus haltend, erst die Grandlstraße, später die Meyerbeerstraße überquerend, durchwandern wir die Schneise des sogenannten »Durchblick«, der sich zwischen Blutenburg und Nymphenburg erstreckt (Reminiszenz an die einstige barocke Blickachse). Schließlich landen wir wieder am Kanal, überqueren die Straßenbrücke an der Frauendorferstraße/Paul-Gerhardt-Allee und biegen drüberhalb links in die Straße Am Nymphenbad ein. An ihrem Ende die Bärmannstraße links, unter der Bahnunterführung durch und am Schienenstrang entlang nach links. Schnell treffen wir wieder auf den Kanal und begleiten ihn nach rechts bis zu seinem Eintritt in den Nymphenburger Park. Hier gibt es für das Würmwasser gleich viel zu tun: Es muss — oder vielmehr darf — gefällig über die Marmorstufen der Großen Kaskade des Barockbaumeisters Joseph Effner rauschen.

Uns, die wir vor allem in Sachen Würm unterwegs sind, interessieren in dem etwa 200 Hektar umfassenden Nymphenburger Schlosspark neben den historischen Bauwerken und dem schönen Landschaftspark insbesondere die Kaskaden und Fontänen, die Seen, Kanäle und Bäche. Schauen Sie sich in diesem Zusammenhang auch die beiden historischen hydraulischen Pumpwerke an. Eine spezielle »Route« zur Besichtigung von Nymphenburg wird bewusst nicht vorgegeben, zu vielfältig sind die Möglichkeiten und die persönlichen Vorlieben.

Noch ein Tipp: Spazieren Sie nach Möglichkeit auch in den Botanischen Garten hinüber, denn das Würmwasser gelangt bis hierhin; es speist den See und hilft bei der Bewässerung. Einkehren kann man im Botanischen Garten ebenfalls oder aber, wie empfohlen, im Café im Palmenhaus im Schlosspark.

Um abschließend zum S-Bahnhof Laim zu gelangen, steuern wir im Park am besten den südlichen Nebenausgang am ESV-Sportplatz an. Man erreicht das versteckte Türchen in der Parkmauer entweder vom Dörfchen oder von der südlichen Freitreppe der Badenburg aus durchs sogenannte Löwental.

Wenn wir den Park verlassen, gehen wir geradeaus durch die neue Wohnsiedlung und gelangen über die Margarethe-Danzi-Straße zur Wotanstraße. Rechts ab sind wir schnell am Bahnhof.

Gehzeit Etwa 2 Stunden (ohne ausgiebigen Parkrundgang und Botanischen Garten)
Anfahrt S3, 4, 6, 8, 20 nach Pasing
Rückfahrt S1, 2, 3, 4, 6, 8 von Laim
Einkehrvorschlag Café im Palmenhaus im Nymphenburger Park

Von der Großen Kaskade aus speist das Würmwasser den breiten Hauptkanal in Richtung Nymphenburger Schloss.

Rechte Seite: Auch den Badenburger See gäbe es ohne Würmwasser nicht; im Hintergrund der Monopteros.

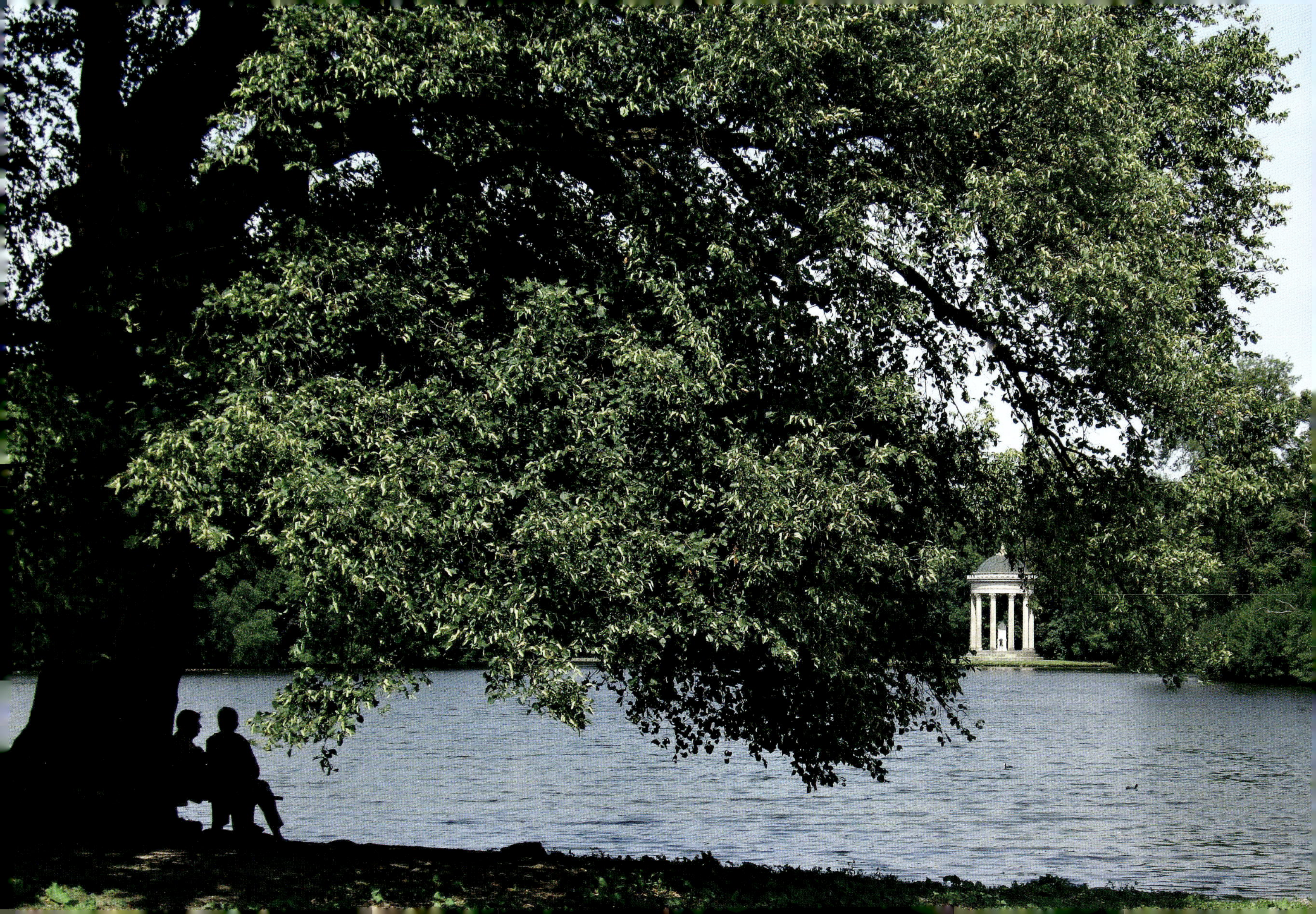

Pasing (2)

Zusammen mit Obermenzing bildet Pasing den 21. Münchner Stadtbezirk. Bevor Pasing 1938 nach München zwangseingemeindet wurde, war es 33 Jahre lang eine eigenständige Stadt. Deshalb besitzt es auch ein paar Einrichtungen, die andere Münchner Stadtteile nicht vorweisen können: ein Rathaus, einen Marienplatz mit Mariensäule, einen Viktualienmarkt, einen Stadtpark und einen eigenen, 1873 erbauten Bahnhof.

Die gute Verkehrsanbindung begünstigte in Pasing auch die Entwicklung mehrerer größerer Industriebetriebe: unter anderem eine Leder-, Malz-, Kuvert-, Rahmen- und Leistenfabrik sowie eine Chemische Fabrik, die Spirituosenbrennerei Riemerschmid und die »Spezialfabrik für neuzeitliche Haushaltwaren« Ritter & Sohn. Nicht zu vergessen die namhafte Wachswarenfabrik Ebenböck und natürlich die Papierfabrik (siehe Seite 63).

Ende des 19./Anfang des 20. Jahrhunderts realisierte der Münchner Architekt August Exter nördlich der Eisenbahnlinie seine Idee einer Villenkolonie im Grünen. In den sogenannten Kolonien I und II entstanden für den Geldbeutel des gehobenen Mittelstands erschwingliche Einfamilienhäuser, die in einer Art Baukastensystem wahlweise mit Giebeln, Türmchen, Schnitzereien und anderen Verzierungen ausgestattet werden konnten. Einige dieser romantisierenden Bauwerke haben Kriege und brachiale Generalsanierungen erstaunlicherweise relativ unbeschadet überlebt.

Pipping

Wieder einer der bajuwarischen »ing«-Orte entlang der Würm. Pipping gehörte einst zur Hofmark Menzing. Dass hier ein derart attraktiver historischer Kirchenbau errichtet wurde, ist dem Wittelsbacher Herzog Sigismund zu verdanken. Dieser hatte 1467 auf die Mitregentschaft mit seinem Bruder Albrecht IV. verzichtet und sich auf das nahe Schloss Blutenburg zurückgezogen. Er ließ in nur geringer Entfernung an der Stelle eines spätromanischen Vorgängerbaus 1478–1480 die Pippinger St.-Wolfgangskirche als vorläufige Hofkirche (bis zur Fertigstellung der Blutenburger Schlosskapelle) erbauen. Von Kriegen verschont und in keiner nachfolgenden Epoche stilistisch verändert, stellt sie die letzte vollständig erhaltene spätgotische Dorfkirche Münchens dar. Sowohl die Altäre als auch die Fresken im Chorraum werden vielfach Jan Pollack zugeschrieben. Auch die gemauerte Kanzel sowie die bemalten Glasfenster sind im Original erhalten. Im Zuge der jüngsten Renovierungsarbeiten hat die Pippinger St.-Wolfgangskirche 2010 unter anderem einen neu geschindelten Spitzturm aufgesetzt bekommen.

Blutenburg (1)

Unter dem Herrenhaus des von Würmwasser umflossenen Schlosses Blutenburg hat man Reste eines Turms aus dem 13. Jahrhundert entdeckt, möglicherweise Überbleibsel einer ersten Burganlage des Adelsgeschlechts »de Mencingin«, der Menzinger also. Um 1440 erbaute der spätere Herzog Albrecht III. die gotische Blutenburg (Pluedenberg, Plutenburg) als Jagd- und Lustschloss, das heute noch in Grundformen erhalten ist. Hier waren ihm drei glückliche Jahre mit seiner nicht standesgemäßen Gemahlin Agnes Bernauer vergönnt, ehe

Spätgotischer Hauptaltar der Blutenburger Schlosskapelle mit Tafelbildern von Jan Polack.

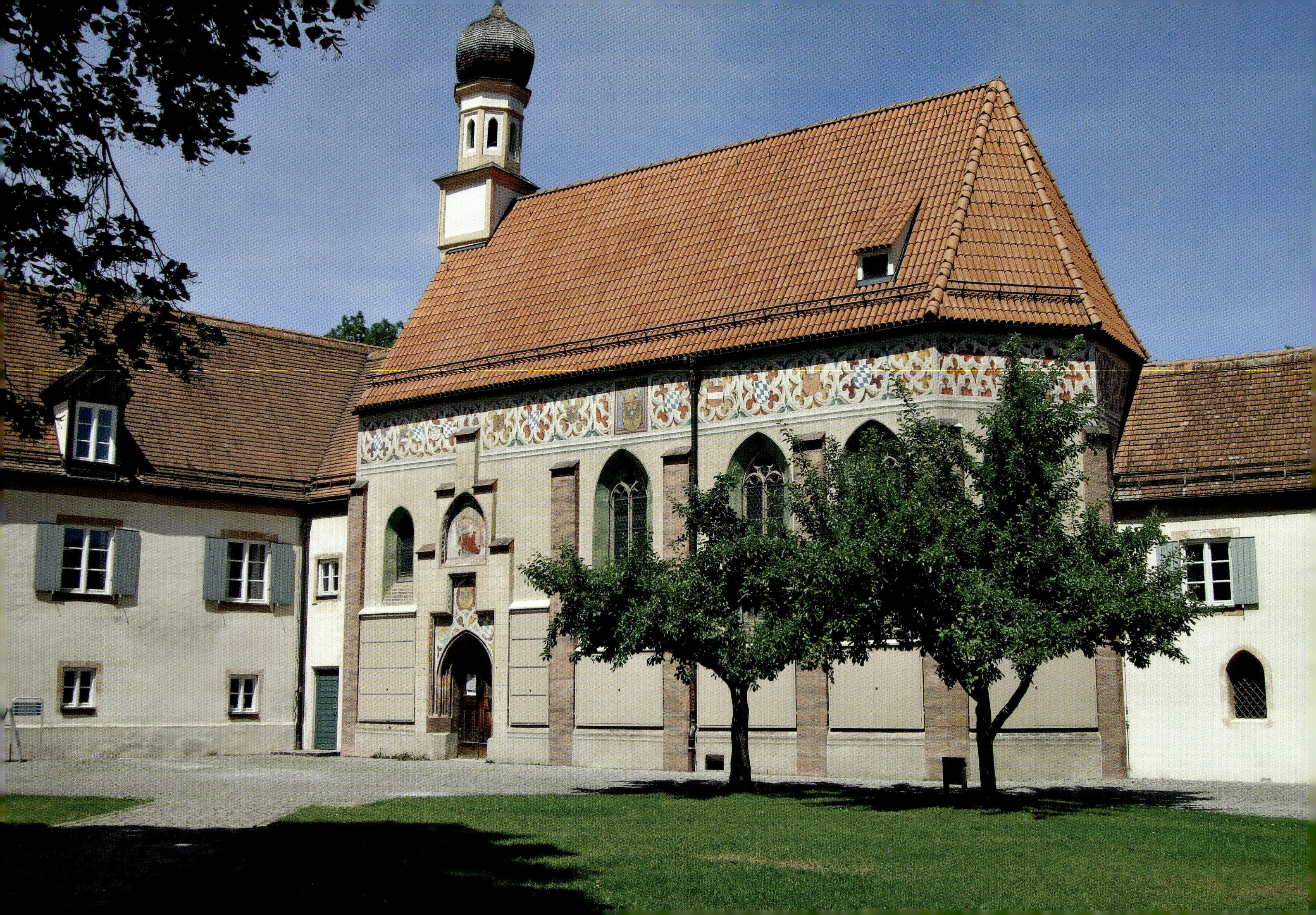

diese auf Geheiß seines Vaters Herzog Ernst 1435 in der Donau ertränkt wurde.

Nächster Wittelsbacher Herr der Blutenburg sowie der Hofmark Menzing war ab 1467 Herzog Sigismund, zweitältester Sohn Albrechts mit seiner zweiten Gattin Anna von Braunschweig. Herzog Sigismund ließ 1488–1497 die Schlosskapelle erbauen, womit die Pippinger St.-Wolfgangskirche ihren Status als Hofkirche einbüßte.

Die Blutenburger Schlosskapelle zur Heiligsten Dreifaltigkeit kann mit Fug und Recht als spätgotisches Gesamtkunstwerk bezeichnet werden. Im Innenraum faszinieren unter zartem Netzgewölbe drei Altäre mit Tafelbildern von Jan Polack, ferner die großen Schnitzfiguren der Zwölf Apostel sowie Christus und Maria des namentlich unbekannten »Meisters der Blutenburger Apostel« aus dem Umkreis Erasmus Grassers, das filigrane steinerne Sakramentshäuschen sowie die bemalten Glasfenster.

Linke Seite: Die Blutenburger Schlosskapelle zur Heiligsten Dreifaltigkeit, entstanden 1488–1497, ist ein spätgotisches Gesamtkunstwerk ersten Ranges.

Nymphenburger Schloss und Parkanlage

Sechs Wittelsbacher Hausherren – die Kurfürsten Ferdinand Maria, Max Emanuel, Karl Albrecht, Max III. Joseph, Karl Theodor und Max IV. Joseph, der spätere Bayernkönig Max I. – sowie eine Vielzahl hochkarätiger Baumeister, Maler, Bildhauer, Stuckateure und Gartenarchitekten haben das einstige »Lusthauß Nymphenburg« in über hundert Jahren zu einer der größten Schlossanlagen Europas gemacht. Begonnen hat alles mit einem freudigen Ereignis, nämlich der Geburt des lang ersehnten Thronfolgers Max Emanuel im Jahr 1662. Aus Dankbarkeit darüber schenkte der kurfürstliche Papa Ferdinand Maria seiner Gemahlin Henriette Adelaide die westlich der Münchner Stadtresidenz gelegene Hofmark Kemnathen zwecks Errichtung eines »Castello delle Nymphe«.

In der ersten Bauphase, nach Plänen des Oberitalieners Agostino Barelli, entstand zwischen 1664 und 1679 der von einigen Neben- und Wirtschaftsgebäuden umgebene würfelförmige Mittelbau. Seine heutige Gestalt und Größe erhielt Nymphenburg hauptsächlich im Verlauf der Regierungszeit Kurfüst Max Emanuels. 1701 unter der Leitung Enrico Zuccallis damit begonnen, ruhten die Baumaßnahmen ab 1704

Eisstockschützen auf dem Nymphenburger Stichkanal; im Hintergrund das Hubertusbrunnhaus.

zwangsläufig durch das zehnjährige Pariser Exil des »Blauen Kurfürsten«, bedingt durch den Spanischen Erbfolgekrieg.

Erst 1715 ging es unter dem Hofbaumeister Joseph Effner weiter voran – nicht zuletzt auch mit der barocken Neugestaltung und Erweiterung des Gartens. Auch die beiden Parkschlösschen Badenburg (1712–1721) im südlichen und Pagodenburg (1716–1719) im nördlichen Parkteil sowie die als Eremitage mit Rissen im Mauerwerk und abbröckelndem Putz konzipierte Magdalenenklause (1725–1728) hat Effner für Max Emanuel geschaffen.

Dessen Sohn Karl Albrecht war es dann, der das größte Juwel unter den Nymphenburger Parkburgen, das Lust- und Jagdschlösschen Amalienburg, zu Ehren seiner von ihm ansonsten wenig beachteten Gemahlin Maria Amalia bauen ließ. 1734–1739 schuf damit François Cuvillies d. Ä. eines der Hauptwerke des bayerischen Rokoko.

Ebenfalls in die Zeit des Rokoko fällt die Ausschmückung des Steinernen Saales im Hauptschloss unter Kurfüst Max III. Joseph 1755–1757 durch Johann Baptist Zimmermann und François Cuvillies d. Ä. Außerdem siedelte Max III. die Porzellanmanufaktur im Schlossrondell an und setzte im Park durch die Umgestaltung des Großen Parterres neue Akzente.

Kurfürst Karl Theodor, »der Pfälzer«, veränderte im Schloss wenig. Und Kurfüst Max IV. Joseph, ab 1806 erster Bayernkönig, ließ die bis dahin geometrische französische Gartenanlage ab 1804 von Friedrich Ludwig Sckell in einen englischen Landschaftspark umwandeln.

Würmwasser – mit Fontäne – auch vor der Ostfront des Nymphenburger Schlosses. Begonnen 1664, entstand in über hundert Jahren und unter der Ägide von sechs Wittelsbacher Herrschern eine der größten Schlossanlagen Europas.

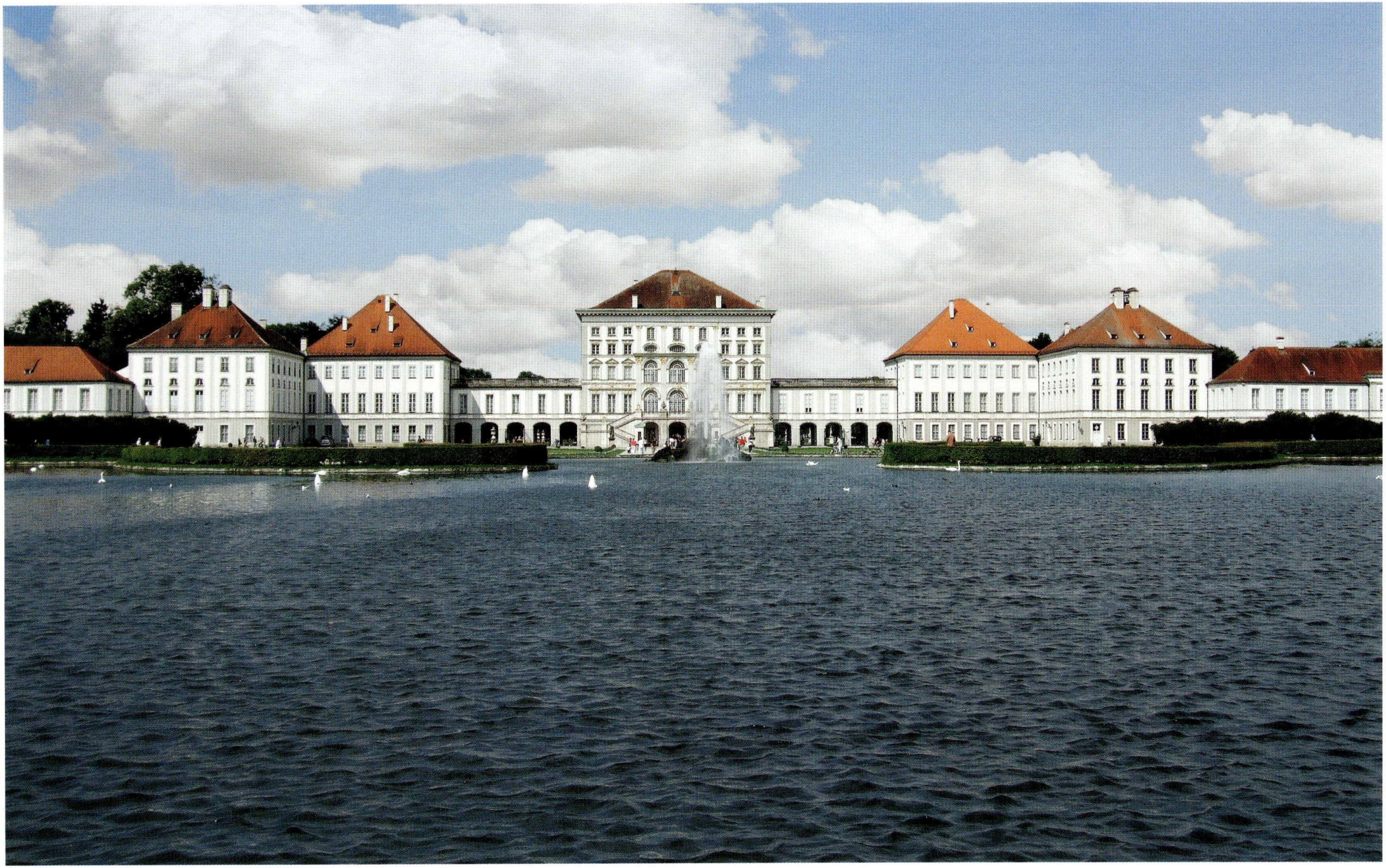

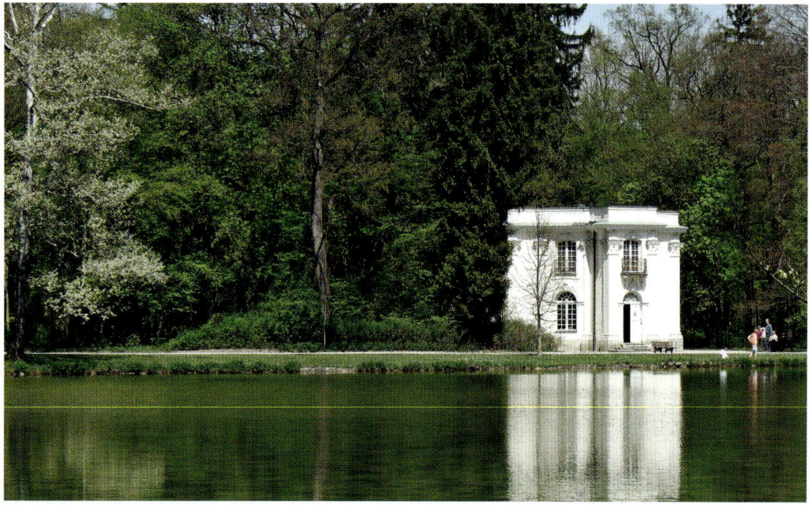
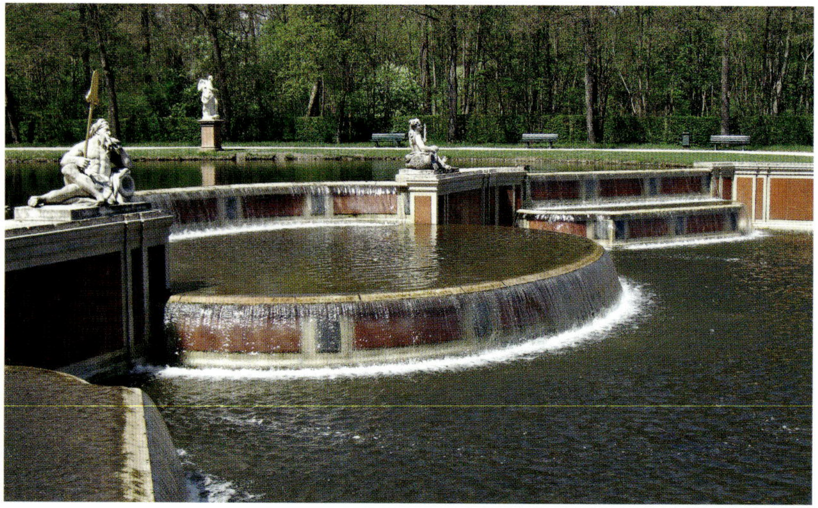
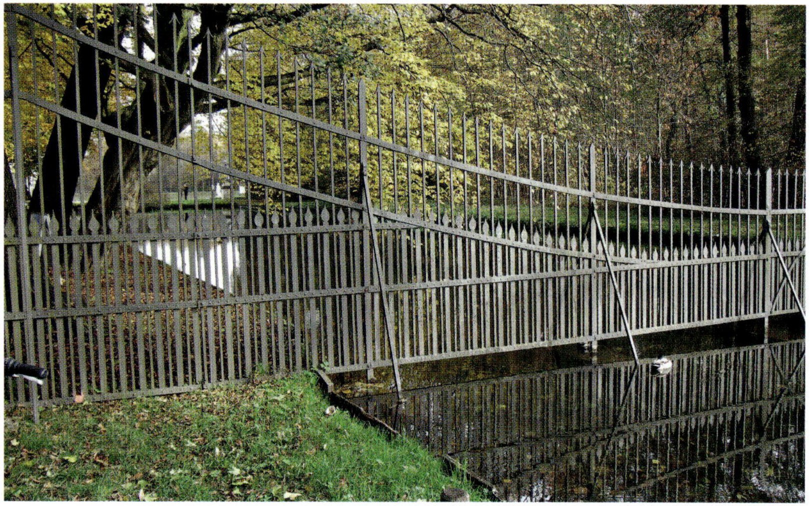
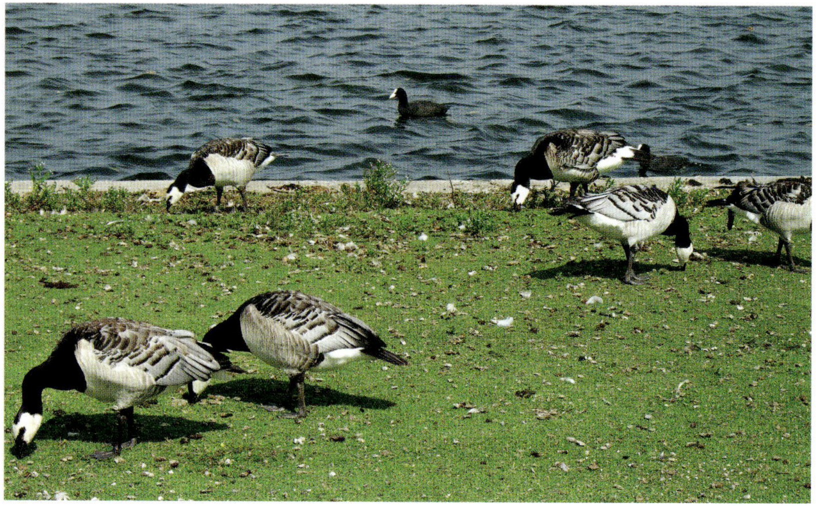

Was sich hinter den historischen Mauern von Schloss und Parkburgen im Einzelnen verbirgt, ist in einschlägigen Publikationen ausführlich beschrieben. Die Gebäude – wie auch das Marstallmuseum mit seinen Prunkkarossen und Schlitten sowie der Nymphenburger Porzellansammlung Bäuml im Obergeschoss – können im Rahmen von Führungen besichtigt werden. Nachfolgend soll lediglich auf ein paar Highlights aufmerksam gemacht werden, die den Besucher erwarten:

Da ist zunächst einmal das Hauptschloss, an das sich die Seitenflügel sowie das Rondell mit mehreren Pavillons anschließen. Hier befinden sich neben Manufaktur, Museen sowie diversen Institutionen wie der Bayerischen Verwaltung der staatlichen Schlösser, Gärten und Seen auch heute noch die Wohn- und Repräsentationsräume der Wittelsbacher.

Linke Seite: Impressionen aus dem Nymphenburger Schlosspark. Als Pasinger Kanal betritt die Würm von Westen her das Parkgelände (unten links). Um anschließend sofort über die Marmorstufen der Großen Kaskade zu rauschen (oben rechts). Auch der See vor der Pagodenburg wird von Würmwasser gespeist (oben links). Und nicht zuletzt freuen sich die Nonnengänse und ihre Artgenossen über das schier grenzenlose Wasserrevier (unten rechts).

Bei einem Schlossrundgang kommt man unter anderem in den repräsentativen Festsaal, den Steinernen Saal. Im Nordflügel durchquert man das prunkvoll ausgestattete Appartement des Kurfürsten, im Südflügel das der Kurfürstin. Auch die weltberühme Schönheitsgalerie Ludwigs I. ist dort untergebracht.

Die achteckige, zweistöckige Pagodenburg birgt auf kleinstem Raum Repräsentations- und Ruheräume im angesagten höfischen »Chinalook« des 18. Jahrhunderts. Die ebenfalls zweigeschossige, aber weitaus größere Badenburg steht für das freizügige Spa-Vergnügen der Kurfürstenzeit. Sehenswert ist neben dem fulminanten Festsaal vor allem der Badesaal mit Galerie. Der mit blau-weißen holländischen Kacheln ausgekleidete untere Bereich verwandelte sich einst, mit angewärmtem Würmwasser befüllt, zum höfischen Hallenbad. Zwischen den Lustbarkeiten zog sich der Kurfürst zwecks kurzfristiger Kontemplation gern in die kargen Räumlichkeiten der Magdalenenklause zurück, in der vor allem die Grottenkapelle sehenswert ist.

Als höfisches Rokoko-Gesamtkunstwerk präsentiert sich schließlich die eingeschossige Amalienburg. Spiegelsaal, Blaues Kabinett, Gelbes Zimmer, Jagdzimmer, Indianisches Kabinett, Hunde- und Gewehrkammer sowie die geflieste Küche entlocken den Besuchern aus aller Herren Länder immer wieder entzückte Aahs und Oohs.

Wie bereits im Zusammenhang mit der Baugeschichte Nymphenburgs erwähnt, wurde der Park in seiner heutigen Ausdehnung im Lauf seines Bestehens zweimal grundlegend gestaltet: Einmal ab 1715 nach Plänen des Pariser Gartenfachmanns und Wasserbauingenieurs (»Fontainier«) Dominique Girard als geometrisch geformte Anlage und ein zweites Mal ab 1800 durch den Hofgartenintendant Friedrich Ludwig Sckell im Stil eines englischen Landschaftsparks, wobei einige grundlegende Elemente der ersten Anlage beibehalten wurden. Während die drei bewusst gestalteten Sichtachsen zu den einstigen Hofmarken Pasing, Pipping und Blutenburg heute größtenteils zugewachsen respektive zugebaut sind, stammen zum Beispiel das Große Parterre hinter dem Schloss sowie die mächtige Marmorkaskade am westlichen Parkende ebenso aus der Zeit wie das raffiniert ausgeklügelte, mit Pumpsystemen versehene weitläufige Kanalsystem, das heute wie einst von Würmwasser gespeist wird.

Die das Schlossareal durchziehenden Kanäle dienten sowohl zum Lastentransport wie auch der höfischen Lustbarkeit. Auf ihnen ließen sich die kurfürstlichen Familien mitsamt ihren Gästen zu Speis und Trank, Musik und Illumination von Gondolieri auf prunkvollen Schiffen durch den Park rudern.

Der Bau der Nymphenburger Kanäle nimmt seinen Anfang mit dem 1701–1703 unter Max Emanuel gegrabenen Pasinger Kanal, der von Westen her den Schlosspark erreicht. Hier strömt dann das Wasser über die Große Kaskade und anschließend im breiten Hauptkanal auf 950 Metern Länge auf das Schloss zu, wo im Gartenparterre eine Fontäne 20 Meter hoch in den Himmel steigt. Von dort verlaufen zwei Wasserstränge unter den Galeriebauten zur Frontseite des Schlosses, wo sie sich zu einem See vereinen, vor dem sich wiederum eine Fontäne befindet. Aus diesem See stürzt das Wasser dann in den 1728–1730 gegrabenen, tiefer liegenden Nymphenburger Stichkanal hinunter, der nach 1½ Kilometern im sogenannten Kessel am Hubertusbrunnen endet. Ein östlicher Seitenstrang Würmwasser zieht als Nymphenburg-Biedersteiner-Kanal weiter ostwärts in Richtung Dantebad und Olympiasee und mündet schließlich über den Schwabinger Bach in die Isar.

Rechts Seite: Eine technische Meisterleistung ist die Pumpanlage von 1808 im Johannisbrunnhaus, die das Würmwasser in Form von Fontänen bis zu 20 Meter hoch steigen lässt.

Außer der »Hauptwasserstraße« speist die Würm im Gelände des Nymphenburger Parks noch diverse kleinere Nebenkanäle und Bäche sowie die Seen vor der Baden- bzw. Pagodenburg, und auch drüben im Botanischen Garten wird ihr Wasser gebraucht.

Darüber hinaus bedient die Würm zwei Pumpwerke aus dem 19. Jahrhundert: das im Grünen Brunnhaus des sogenannten Dörfchens und das im Johannisbrunnhaus im nördlichen Rondellbereich, das man von außen einsehen kann. Diese gusseisernen Pumpwerke, welche die Fontänen seit über zweihundert Jahren speisen, wurden schon zur Entstehungszeit als technische Meisterwerke gerühmt.

1803 ersetzte der Ingenieur-Konstrukteur Joseph von Baader die barocke Pumpanlage von 1767 im Grünen Brunnhaus durch eine leistungsfähigere Eigenerfindung. Sie gilt als die älteste, seit ihrer Erbauung ständig arbeitende Maschine Europas und bis auf den heutigen Tag als Meilenstein der Ingenieurkunst. 1808 konstruierte Baader auch im Johannisbrunnhaus eine größere Maschine, um die Fontäne vor dem Schloss in Schwung zu halten. Die Fontänen im Nymphenburger Schlosspark sind von Ostern bis Mitte Oktober täglich zwischen 10 und 12 Uhr sowie 14 und 16 Uhr in Betrieb.

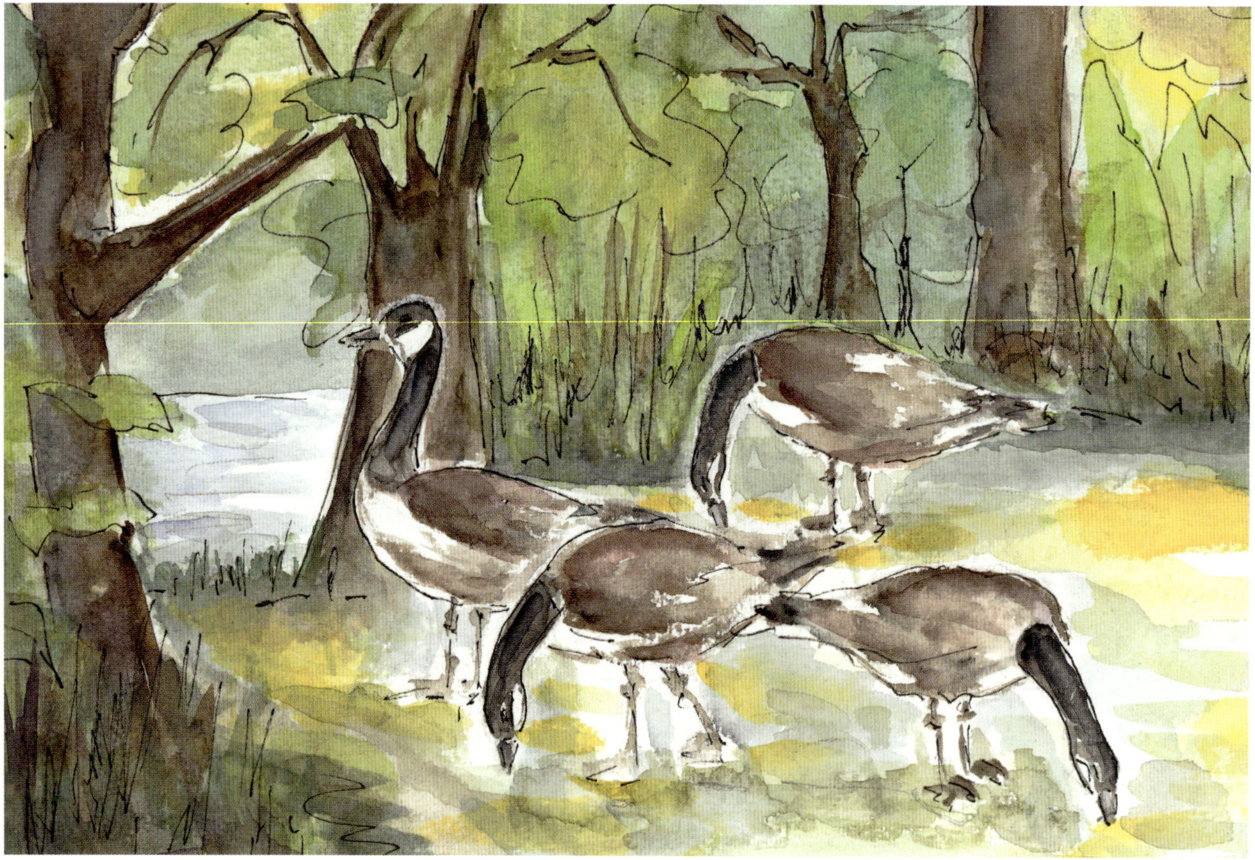

5 Pasing – Karlsfeld

Industrieansiedlungen an der »korrigierten« Würm

Um den sich in der zweiten Hälfte des 19. Jahrhunderts in großem Stil entwickelnden Industriestandort Allach nicht durch eisbedingte Überschwemmungen zu gefährden, wurde um 1900 der Würm ein reguliertes Flussbett zugewiesen; so etwas bezeichnet man als »Flusskorrektur«. Hätte man ihr durch die »Schlosskanäle« via Nymphenburg und Schleißheim nicht sowieso schon eine Menge Wasser entzogen und wäre sie nicht von Natur aus ein gutmütiges Gewässer, wer weiß, ob sich die Würm dieses Korsett hätte so ohne weiteres gefallen lassen. Heute denkt man glücklicherweise etwas anders; die Schlagworte heißen Renaturierung und ökologischer Ausbau. Und so treffen wir bei dieser Etappe auch auf ein paar Stellen, wo die Würm wieder ein Stück weit fließen darf, wie sie mag.

W ie bei Etappe 4 verlassen wir den Pasinger Bahnhof durch den Nordausgang und nehmen den Hellihofweg nach links. An dessen Ende die Theodor-Storm-Straße überqueren und ab der Straßenbrücke über den Kanal und diesen rechts oder links des Wasserlaufs flussabwärts. An der zweiten Brücke, bei der Gaststätte Speisemeisterei, gehen wir den Westerholzweg nach links, an der Einmündung den Schirmerweg kurz rechts und dann auf dem Fußweg entlang dem natürlichen Würmlauf weiter flussabwärts. An der gegenüberliegenden Uferseite steht die spätgotische Pippinger Kirche St. Wolfgang (siehe Seite 74), und bald darauf ist Schloss Blutenburg (siehe Seite 75) erreicht.

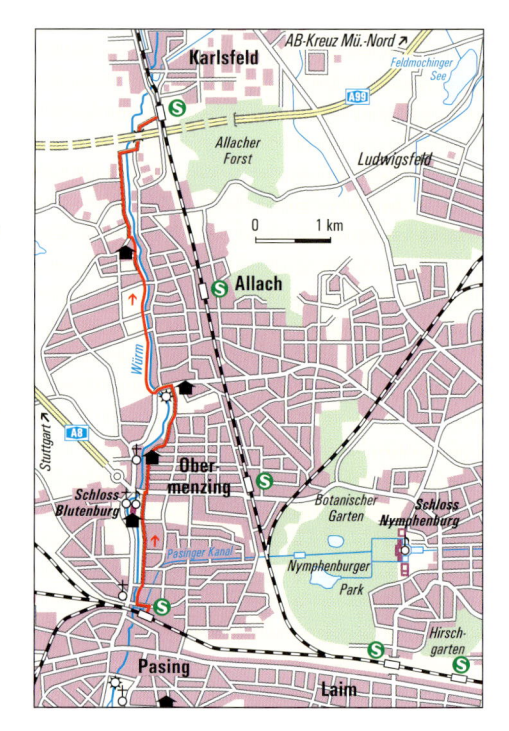

Von hier gelangen wir über die Brücke zwischen großem und kleinem Weiher in den Seldweg und schlüpfen durch die Unterführung unter der Verdistraße hindurch. Auf der drüberen Seite war einmal das Stockbad, das 1974 als eines der letzten Würmbäder geschlossen wurde. Bevor Sie das Würmbrückerl nach links zum Obermenzinger Zehentstadel überqueren, schauen Sie kurz rechts beim kleinen Karlhäusl vorbei. Das 1726 erstmals genannte ehemalige Tagelöhnerhaus steht unter Denkmalschutz und wurde in den 1990er-Jahren vom Heimat- und Volkstrachtenverein D'Würmtaler mit viel Engagement vor dem Verfall gerettet.

Um den bis auf das 17. Jahrhundert zurückgehenden Zehentstadel (früher Lager des zehnten Teils vom Ertrag der Hofmarksbauern an die Grundherren, heute Kulturtreff) herum gelangen wir in den Zehentstadelweg und auf diesem zum Hotel Schleuse und zur Trattoria Vecchio Mulino. Der Name sagt es schon, dass wir es hier wieder mit einer ehemaligen Würmmühle (Obermühle) zu tun haben; im direkt am Fluss gelegenen Wirtsgarten kann man zuschauen, wie das Wasser über die Wehrmauer stürzt. Geradeaus weiter sind es dann nur noch wenige Meter bis zur Obermenzinger Traditionsgaststätte Weichandhof. Dazu gehört auch ein kleiner Privatzoo, in dem sich Ziegen tummeln.

Wir bleiben weiter geradeaus und spazieren auf dem Fußweg am linken Würmufer entlang zur nächsten Einkehrmöglichkeit, dem Alten Wirt, einer der letzten historischen Dorfwirtschaften Münchens. Gleich daneben erhebt sich

Die alte Obermenzinger Dorfkirche St. Georg wurde in der ersten Hälfte des 15. Jahrhunderts umgebaut; der Turm entstand um 1610.

die alte Obermenzinger St.-Georg-Kirche. Weiter geht's zunächst auf dem Widweg, dann direkt an der Würm entlang. Zwischen unserem Wanderweg und der am anderen Ufer verlaufenden Mergenthalerstraße hat das Wasserwirtschaftsamt München 2009 auf einer Länge von

250 Metern einen ökologischen Ausbau der Würm vorgenommen. Nach historischem Vorbild ist dabei ein neuer Seitenarm samt Insel entstanden – eine Bereicherung für Anwohner und Würmspaziergänger.

Dann ist die Inselmühle an der Von-Kahr-Straße erreicht. Sie war ab Beginn des 15. Jahrhunderts die sogenannte Untermühle, zwischen 1923 und 1964 ein Bad, danach kurzzeitig eine Kühleisfabrik und imponiert nun als Romantikhotel mit Restaurant und schönem schattigen Biergarten direkt am Würmlauf.

Gleich nach dem Hotel überqueren wir die Fahrstraße an der Ampelanlage zur Eversbuschstraße hin. An der Ecke Eversbuschstraße/Von-Kahr-Straße wurde Würmwasser in den Garten einer Wohnanlage geleitet und so eine hübsche Wasserlandschaft gestaltet. Wir befinden uns jetzt im Münchner Stadtteil Allach-Untermenzing. Gönnen Sie sich einen Blick in die frisch renovierte 500-jährige Untermenzinger St.-Martinskirche, bevor Sie geradeaus durch den alten Friedhof und dann auf einer überdachten Holzbrücke, die die Würm überspannt, zum Eingang des neuen Untermenzinger Friedhofs gelangen (Nepomukstatue von 1900). Hier auf der ausgeschilderten Fahrradstraße (Behringstraße) nach rechts und mit ihr immer einigermaßen auf Tuchfühlung mit der rechter Hand zwischen einer Steinverbauung dahinströmenden Würm flussabwärts.

Gleich nachdem Sie das links liegende kleine Gewerbegrundstück passiert haben, befindet sich rechter Hand hinter Bäumen und Sträucherwildwuchs eine 2004 geschaffene Würm-Renaturierung, wobei ein neu angelegter Seitenarm auf etwa 150 Metern die Wiese an der Evers-

An der Obermenzinger Mergenthalerstraße ist ein neuer Würm-Seitenarm entstanden.

In Allach kommt man gegen Ende dieser 5. Würmetappe an Pferdekoppeln vorbei.

Am Ufer entlang stoßen wir auf die Kleselstraße und wandern drüberhalb entlang der Siberstraße weiter. Noch vor der Bahnunterführung wenden wir uns nach rechts in den Hohenadelweg und überschreiten dann auf einem Brückerl die Würm. Die hat kurz zuvor das Gelände des ehemaligen Allacher Sommerbads durchflossen, das ebenfalls aus einem alten Würmbad hervorgegangen ist und 2008 endgültig geschlossen wurde. In einer Linksschleife gelangen wir hinaus zur Eversbuschstraße und steuern dann nach links den S-Bahnhof Karlsfeld an.

buschstraße durchfließt. Leider gibt es jedoch keine Brückenverbindung zwischen Behring- und Eversbuschstraße.

Nachdem wir die Auenbrugger-, Theodor-Fischer-, Nigglstraße und den Paul-Ehrlich-Weg überquert haben, wandern wir auf der Servetstraße weiter geradeaus. Gleich am Anfang sehen wir links eine Tennisanlage sowie die Gaststätte Schießstätte. Es folgen Pferdekoppeln, und gleich danach können wir rechts durch eine Freizeitanlage zu unserer Würm hinuntergehen, die hier eine kleine Kneippanlage speist.

Gehzeit Etwa 2 Stunden
Anfahrt S3, 4, 6, 8, 20 nach Pasing
Rückfahrt S1 von Karlsfeld
Einkehrvorschlag Inselmühle in Obermenzing

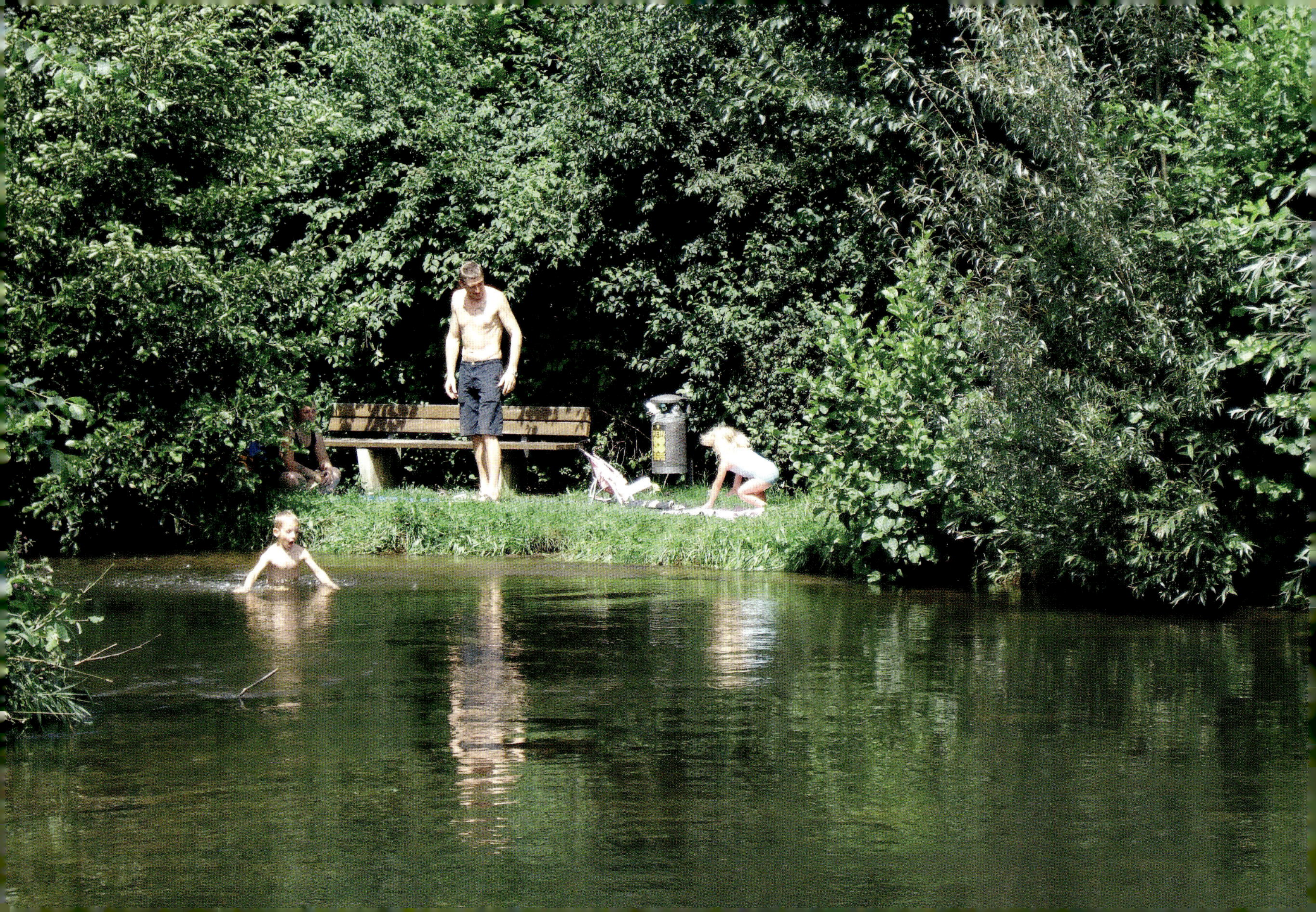

Pasing und Pipping

Beschreibung siehe Seiten 63 und 74.

Blutenburg (2)

Herausragendes Schmuckstück Obermenzings ist zweifellos die Blutenburg (siehe auch Seite 75). Nach dem Tod Herzog Sigismunds im Jahr 1501 fiel die seit 1442 bestehende Hofmark Menzing samt der Blutenburg an den Regenten Herzog Albrecht IV. zurück und wurde von Pflegern verwaltet. 1676 trat schließlich wieder einmal Anton Freiherr von Berchem auf den Plan. Er erwarb die Hofmark für 10 000 Gulden von Kurfürst Ferdinand Maria, vergrößerte den Grundbesitz, brachte die Landwirtschaft in Schwung und renovierte die Blutenburg.

Nach Berchems Tod 1700 fiel die Blutenburg erneut an das Kurfürstentum zurück; die Erben hatten ein Nachsehen. Das

Linke Seite: Der bei der Renaturierung von 2004 entstandene neue Würm-Seitenarm an der Eversbuschstraße in Allach ist zwischenzeitlich dicht eingewachsen.

Schloss verkam mit der Zeit, sah jedoch hin und wieder berühmte Besucher, wie 1848 Gräfin Landsfeld alias Lola Montez, die zwielichtige Mätresse König Ludwig I. Ab dem 19. Jahrhundert wurde die Blutenburg samt zugehöriger Ökonomie verschiedentlich verpachtet, war unter anderem Gaststätte, Wirtschaftsgut der Englischen Fräulein, Altersheim der Schwestern des Dritten Ordens. Im Besitz der Bayerischen Verwaltung der staatlichen Schlösser, Gärten und Seen 1980–1983 generalsaniert, ist sie seither repräsentativer Sitz der Internationalen Jugendbibliothek inklusive Veranstaltungsräumen sowie Schlossschänke mit Biergarten.

Obermenzing

Obermenzig ist mit Pasing zum 21. Münchner Stadtbezirk zusammengeschlossen. Erstmals ist ein Ort namens Menzing in einer Schenkungsurkunde des 8. Jahrhunderts genannt. Ab 1442 waren Ober- und Untermenzing sowie Pipping und Teile Pasings zur Hofmark Menzing vereinigt.

Die alte Obermenzinger Dorfkirche St. Georg, umgeben von einem kleinen, aufgelassenen Friedhof direkt an der

Würm, exisiert in einer ersten Anlage seit 1315 und wurde 1430/40 in ihrer heutigen Gestalt umgebaut (Turm um 1610). Sehenswert im ansonsten kargen Innenraum, in den man durch das Gitter an der Eingangstüre hineinschauen kann, sind vor allem die spätgotischen, an manchen Stellen nur noch fragmentarisch erhaltenen Wandmalereien.

Zum denkmalgeschützten Obermenzinger Dorfensemble gehört gleichfalls der neben der Kirche stehende Alte Wirt, der bis aufs Jahr 1417 zurückgeht.

Untermenzing

Untermenzing bildet seit 1938 zusammen mit Allach den 23. Münchner Stadtbezirk. Die Entwicklung der beiden Orte nahm jedoch einen unterschiedlichen Verlauf, da Untermenzing im Gegensatz zu Allach viel länger zur Hofmark Menzing gehörte.

Auch in Untermenzing ließ Herzog Sigismund eine Kirche erbauen, der das Prädikat »besonders wertvoll« zusteht. Die inmitten des alten Friedhofs gelegene St.-Martinskirche wurde 1492–1499 errichtet; der wuchtige, mit Rundbogen- und Zahn-

Am Maibaum vor dem Alten Wirt in Obermenzing findet man alle wichtigen Bauwerke: von der Dorfwirtschaft mit angrenzender Georgskirche oben bis zur Blutenburg mit Schlosskapelle unten.

schnittfriesen gegliederte Turm stammt von der spätromanischen Vorgängerkirche. Zur spätgotischen Ausstattung zählen auch hier ein gemauertes Sakramentshäuschen, ferner die Thronende Muttergottes in der Marienkapelle sowie die Wandfresken um die Fenster des östlichen Langhausjochs (Anfang 16. Jh.). An der nördlichen Chorwand befinden sich ebenfalls freigelegte Gemälde aus der zweiten Hälfte des 16. Jahrhunderts. Die drei frühbarocken Altäre stammen von Hans Degler und sind mit Gemälden und Skulpturen des 16. bis 18. Jahrhunderts geschmückt. Der große Kruzifixus mit Schmerzensmutter ist eine Stiftung von 1686.

Allach

Der Name leitet sich vom 774 erstmals urkundlich erwähnten Ahaloh ab, was soviel heißt wie »Wald am Wasser«. Von diesem Wald sind im Allacher Forst und in der Angerlohe nur noch Fragmente übrig geblieben. Allach zählt zu den ältesten selbständigen Gemeinden Bayerns und war nur zwischen 1676 und 1700 in die Hofmark Menzing einbezogen.

Die spätgotische Untermenzinger St.-Martinskirche hat eine überwiegend barocke Ausstattung.

Durch die Anbindung an die Eisenbahnlinie München – Ingolstadt, die 1867 eröffnet wurde, schaffte Allach den Sprung vom Straßendorf zu einem der bedeutendsten Gewerbe- und Industriestandorte Münchens. Global Player wie MAN, MTU und Krauss-Maffei sind bis auf den heutigen Tag hier vertreten. Für die Beschäftigten entstanden ab 1937 eigene Werkssiedlungen (Gerberau, Beer-, Angerloh-, Flaksiedlung). Und mancher Landwirt im Münchner Westen beneidete damals seine Allacher Berufskollegen, die ihre wenig ertragreichen Äcker zu Geld machen und sich in einen finanziell abgesicherten Austrag zurückziehen konnten.

Den einstigen Allacher Dorfkern muss man um die alte Pfarrkirche St. Peter und Paul, nahe dem nördlichen Ortsende zwischen Eversbuschstraße und Würm, suchen. Die Kirche ist ein Neubau von 1708–1710 mit einem Turm des 13. Jahrhunderts der mittelalterlichen Vorgängerkirche.

Wie an jedem Würmort drehten sich auch in Allach in früheren Zeiten einmal Mühlräder geschäftig im Wasser. Der Bau des Pasinger Kanals 1701–1703 zum Schloss Nymphenburg geriet den Mühlenbesitzern weiter flussabwärts jedoch zum Verhängnis, indem der Würm dadurch so viel Wasser abgezapft wurde, dass es nicht mehr für die Produktion ausreichte. Der Kurfürst hatte den Müllern zwar eine Entschädigung von 100 Gulden jährlich versprochen, diese aber nie gezahlt. Da zogen sie vor Gericht mit dem Ergebnis, dass sie sich nach 60 Jahren schließlich mit einer einmaligen Zahlung von 150 Gulden zufrieden geben mussten. Die Allacher Mühle, einst eine der Großen ihrer Gattung entlang der Würm, wurde in unseren Tagen zu einem Wohnhaus umgebaut.

Derlei finanzielle Nöte waren dem »Millionenbauern« Lorenz Hauser (1869–1918) unbekannt. Zumindest anfänglich, denn nachdem er seine Felder und Wiesen in Nymphenburg, Neuhausen, Feldmoching, Oberschleißheim und Allach versilbert hatte, war er ein gemachter Mann. Sein Reichtum stieg ihm jedoch dermaßen zu Kopf, dass er sich 1899/1900 an der Nordgrenze Allachs, direkt am Würmkanal, ein Privatschloss mit Park und Nebengebäuden bauen ließ. Dieser Bau und ein luxuriöser Lebenswandel ließen seine Millionen jedoch bald dahinschwinden und trieben den Hauser Lenz schließlich in den Ruin. 1955 erwarb die Firma MAN das Schloss samt Park und nutzt es heute als Gästehaus (unzugänglich).

Rechte Seite: In Allach befindet sich direkt am Würmufer diese weitläufige Freizeitwiese mit Kneippanlage.

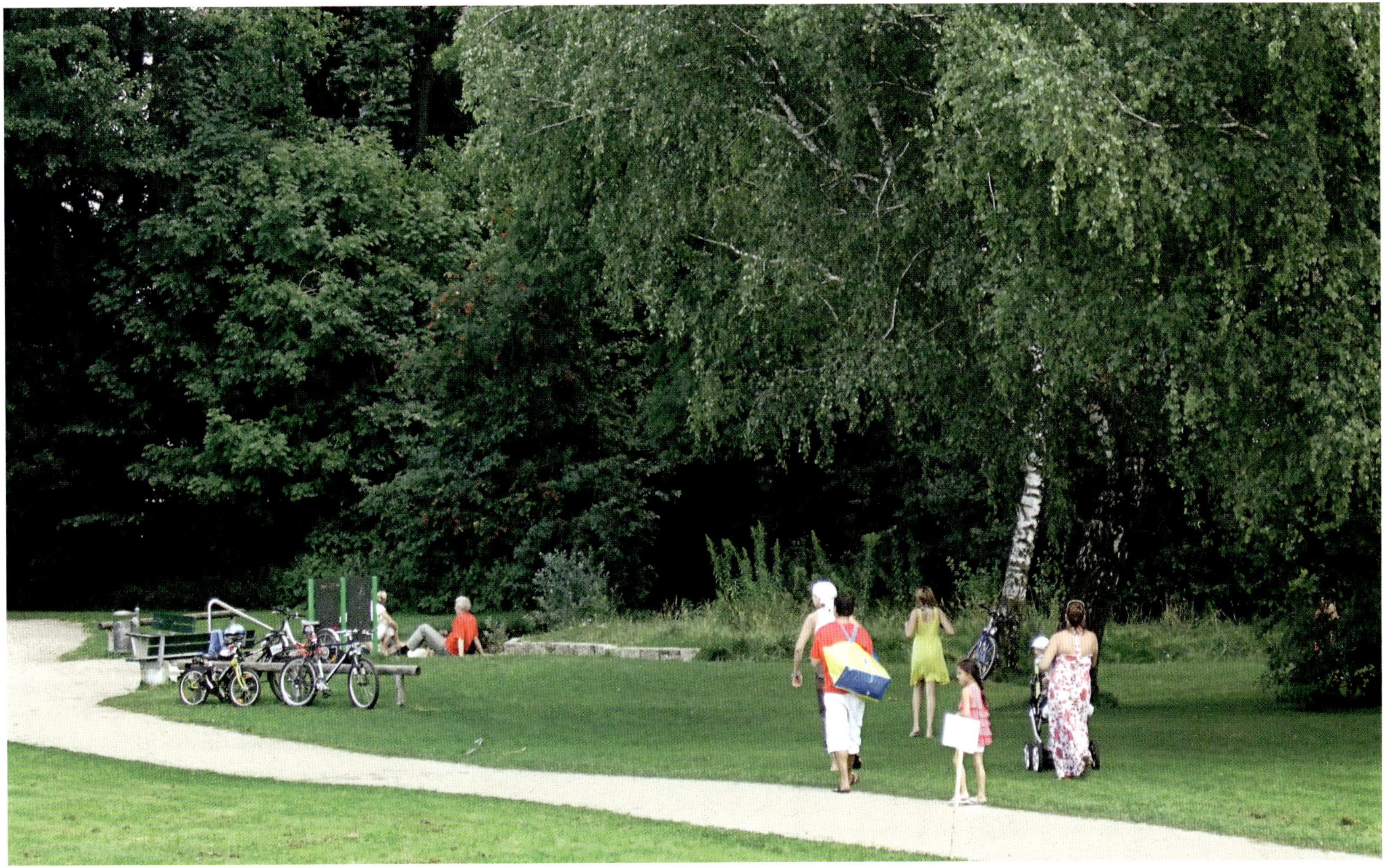

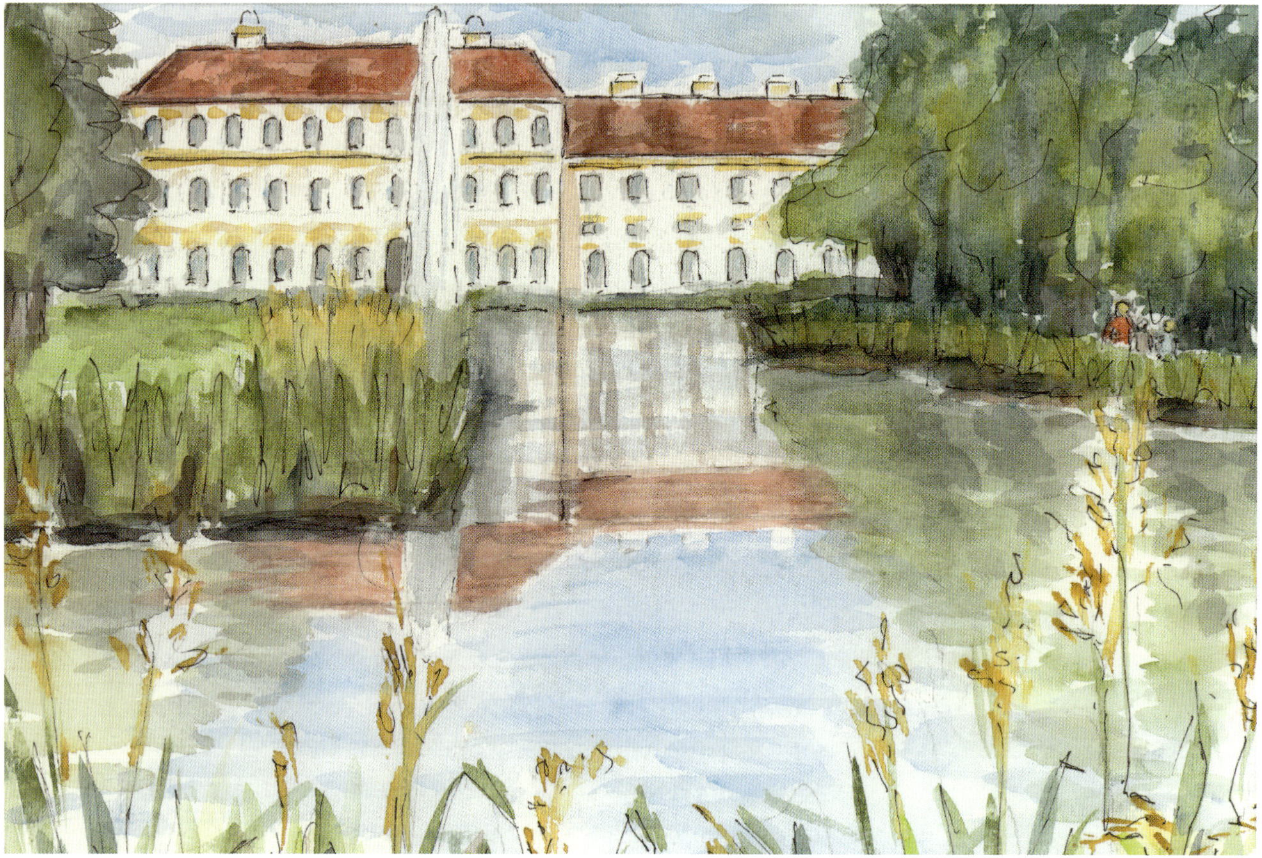

6 Karlsfeld – Schleißheim

Entlang dem Würmkanal zum Schloss Schleißheim

Wie bei Etappe 4 verfolgen wir auch diesmal eine der historischen Flussableitungen: den Würmkanal. Und zwar von seinem Beginn an der Stadtgrenze München-Allach/ Karlsfeld bis hinein in den Schlosspark von Oberschleißheim. Nachdem bereits sein Urgroßvater Herzog Wilhelm V. 1601 einen ersten Würmkanal hatte graben lassen, ließ Kurfürst Max Emanuel diesen 1690/91 begradigen. Auf 8½ Kilometern Länge und bei einem Gefälle von 13 Höhenmetern leitet der Kanal seitdem Würmwasser zu den Schleißheimer Schlössern. Auf seinem Weg bekommt er noch Zuflüsse vom Würmhölzlgraben und Feldmochinger Mühlbach.

In Karlsfeld wird der Würmkanal zum Schloss Schleißheim abgeleitet.

W ir starten am S-Bahnhof Karlsfeld, wo uns die Unterführung — Richtung »Wehrstaudenstraße« — an die Ostseite der Gleise bringt. Hier schlagen wir den Fuß-/Radweg nach links ein und gelangen so schnell hinaus zu besagter Fahrstraße. Schräg gegenüber ist sie dann auch schon: jene Stelle, an welcher der zweite »Schlosskanal« von unserer Würm abgeleitet wird. Zugegeben, außer für Würm-Entdeckungsreisende nicht gerade eine spannende Location: zwei eher unspektakuläre Gewässerarme, ein Wehr, ein Info-Schild …

Wir folgen dem breiteren Kanal nach rechts über die Straße und orientieren uns hier und für den Rest der Wanderung an dem gelben Radelschild Richtung »Oberschleißheim«. Auf dem Fuß-/Radweg (Am Würmkanal) spazieren wir am linken Ufer entlang. Schon bald lugen auf der drüberen Seite schlossähnliche Bauten mit Türmchen und Zinnen durch den dichten Baumbestand. Es handelt sich um das auf MAN-Firmengelände stehende legendäre Allacher bzw. Hauserschloss (siehe Seite 94).

Immer wieder laden Bänke entlang dem schattigen Naturweg zum Ausruhen ein. Dann unterqueren wir mit Hilfe einer Unterführung die Dachauer Straße und wandern auf der nun geteerten Straße Am Burgfrieden geradeaus weiter. Links folgt ein Neubaugebiet mit hübschem Teich-Biotop, das von Würmwasser gespeist wird.

Auch wenn der »Burgfrieden« später zu Ende ist, geht es auf nun wieder naturbelassenem Fuß-/Radweg unverändert geradeaus am schnurgeraden Kanal entlang. Während der Blick nach rechts auf das Würmwasser durch Auwald und dichtes Strauchwerk eingeschränkt ist, öffnen sich nach links weitläufige Äcker und Gemüsefelder.

In einer Wegbiegung, wo das Radelschild nach links »Oberschleißheim/Regattasee« und nach rechts »Feldmoching« anzeigt, biegen wir kurz rechts von unserer Route ab. Über ein kleines, hinter Sträuchern verstecktes Brückchen gelangen wir so zum Eishüttenplatz. An dieser Stelle gab es einmal eine Hütte, in der sich die Arbeiter aufwärmen konnten, wenn sie im Winter das Grundeis im Würmkanal loshauen mussten, um Überschwemmungen zu verhindern. Diese Arbeit ist auch heute noch notwendig, nur dass man die Hütte durch einen Bauwagen ersetzt hat.

Wieder zurück auf unserem Wanderweg marschieren wir nun nach links weiter. Wir wenden also quasi dem Würmkanal den Rücken, den wir erst im Schlosspark von Oberschleißheim wieder treffen werden. Nächstes Etappenziel ist dann der Regattasee, im Sommer ein gern besuchtes Bade- und Freizeitgelände.

Danach knickt unser Weg nach rechts ab, überquert — jetzt als Asphaltstraße — die Autobahn (A92) und mündet in die St.-Hubertusstraße. Mit ihr nach links, um die Gebäude des Lehr- und Versuchsguts Oberschleißheim der LMU München herum und dann nach rechts auf der Veterinärstraße hinaus zur Fahrstraße Feldmoching — Oberschleißheim. Die Straße und kurz danach auch die Bahnschienen überquerend erreichen wir schließlich geradeaus auf der Schönleutnerstraße den historischen Wilhelmshof.

Wir befinden uns nun innerhalb des Gebäudeensembles des Alten Schlosses Schleißheim. Um zum Neuen Schloss zu gelangen, nehmen wir die Effnerstraße nach rechts und folgen dann links der Beschilderung zur Schosswirtschaft. Eine

Vor allem im Sommer ist der Regattasee ein idealer Rastplatz auf dieser vergleichsweise langen Würmwanderetappe.

Oben: Ableitung des Schwebelbachs vom Würmkanal am Eishüttenplatz.
Mitte und rechts: Schwanenfamilie und Fontäne im Schleißheimer Schlosspark.

ausgiebige Rast in dem schönen Kastanienbiergarten haben wir uns jetzt wahrlich verdient.

Wenn wir später durch das Gittertor an der Südseite des Neuen Schlosses in den Park hineinspazieren, feiern wir gleichzeitig auch ein Wiedersehen mit unserem Würmkanal. Er hat die Staatsstraße weiter südlich als wir überwunden (und zwar unterirdisch) und dann seinen Weiterweg entlang der Flugwerft genommen.

Ein Bummel vorbei an den von Blumenrabatten eingefassten Fontänen und am Stichkanal entlang bis zum Schloss Lustheim gehört in Schleißheim zum Pflichtprogramm. Dann erst machen wir uns auf den Weg zum S-Bahnhof: am besten auf der Effnerstraße, die Freisinger Straße überquerend und die Mittenheimer Straße geradeaus.

Gehzeit Etwa 3½ Stunden (inklusive Lustheim)
Anfahrt S2 nach Karlsfeld
Rückfahrt S1 von Oberschleißheim
Einkehrvorschlag Schlosswirtschaft in Oberschleißheim

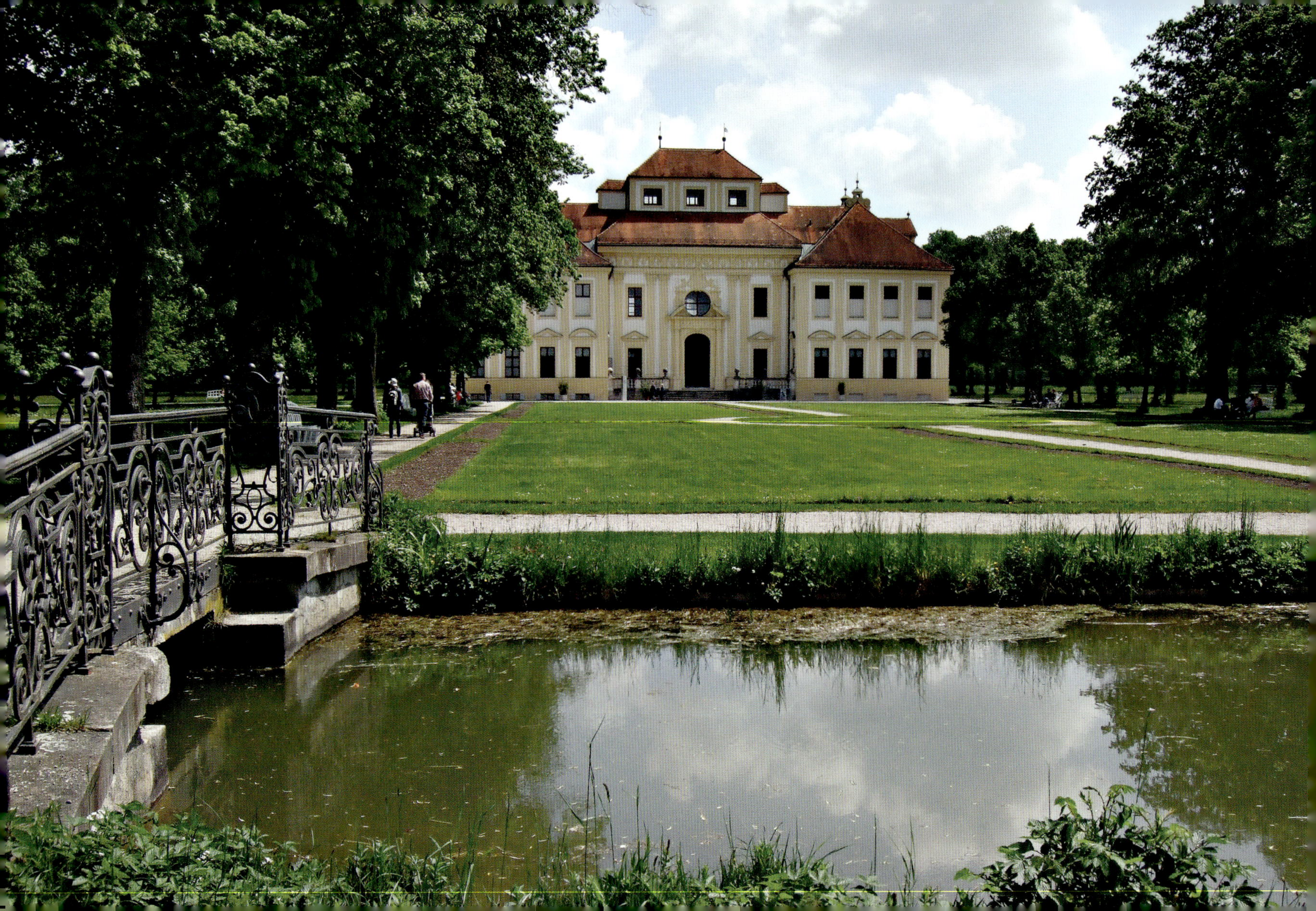

Karlsfeld

Karlsfeld ist eine eigenständige Gemeinde und gehört zum Landkreis Dachau. Hervorgegangen ist der Ort aus einer Moossiedlung, deren Anlage das Wittelsbacher Herrscherhaus förderte. So entstanden 1801/02 drei Siedlungen, welche die Namen von Kindern des regierenden Kurfürsten und späteren Königs Max I. Joseph erhielten: Ludwigsfeld nach dem ältesten Sohn und nachfolgenden König Ludwig I., Augustenfeld nach der Tochter Auguste und eben Karlsfeld nach dem Prinzen Karl-Theodor.

Bedeutend älter, nämlich zurückgehend bis ins 12. Jahrhundert, ist der Karlsfelder Ortsteil Rothschwaige, wo – im Gegensatz zur einstigen Moossiedlung – ein großer Schwaighof, also ein landwirtschaftlicher Betrieb mit Viehhaltung, belegt ist.

Die kurfürstlich verfügte systematische Entwässerung des Dachauer Mooses ermöglichte eine landwirtschaftliche Nutzung zumindest in bescheidenem Rahmen. Begünstigt durch die Bahnlinie München – Ingolstadt und die Industrieansiedlungen im benachbarten Allach stieg ab dem 19. Jahrhundert die Einwohnerzahl in Karlsfeld kontinuierlich an.

In Schloss Lustheim am östlichen Ende des Schleißheimer Schlossparks ist eine wertvolle Meissener Porzellansammlung untergebracht.

Schleißheimer Schloss und Parkanlage

Im Jahr 1598 erwarb Herzog Wilhelm V. die Schwaige Schleißheim und errichtete dort einen Gutshof sowie ein Herrenhaus. Wilhelm war es auch, der 1601 einen ersten Würmkanal in Auftrag gab, der die Schleißheimer Mühlen antrieb sowie zur Bewässerung und Abfallentsorgung diente. 1616 veranlasste dann Wilhelms Sohn Herzog Maximilian I. den Umbau der Schwaige zum Alten Schloss, wie wir es heute vorfinden.

Kurfürst Max Emanuel wurde als Nächster in Schleißheim tätig, indem er 1684–1688 Schloss Lustheim als Hochzeitsgeschenk für seine Gattin Maria Antonia bauen ließ. Auch das Neue Schloss geht auf den »Blauen Kurfürst« zurück. Der 1701 begonnene Rohbau des von Enrico Zuccalli geplanten »bayerischen Versailles« musste jedoch 1704 eingestellt werden. Vollendet wurde das Schloss in seiner heutigen Gestalt 1719–1726 unter Joseph Effner. Danach gab es noch ein paar

Veränderungen, so die Erneuerung der Westfassade 1819 unter Leo von Klenze.

Die Anlage des Schleißheimer Hofgartens wäre ohne die Kanäle nicht denkbar. Wie in Nymphenburg waren sie mit einem ausgeklügelten Schleusen- und Pumpensystem versehen. Nach 1715 wurde hier ebenfalls der französische Gartenkünstler Dominique Girard tätig, der insbesondere wegen seiner grandiosen Wasserspiele Berühmtheit erlangte. Er gestaltete neben den Fontänenalleen und der Kaskade unter anderem auch das tiefer gelegte Parterre; der Stichkanal zum Schloss Lustheim wurde erst 1781 ausgehoben.

Die Schleißheimer Kanäle dienten ursprünglich ebenso zum Lastentransport wie auch zur Vergnügungsschifffahrt, wofür man eigens venezianische Gondolieri kommen ließ. Neben dem 8½ Kilometer langen Würmkanal gibt es den Schleißheimer Kanal (5½ Kilometer, mit Zulauf Dirnismaniger Kanal, 6 Kilometer), der von Osten her via Lustheim Isarwasser heranführt, sowie den 10 Kilometer langen Dachau-Schleißheimer Kanal, der Würm- und Isarwasser zwischen dem Park und Dachau hin und her bewegt.

Ab der zweiten Hälfte des 18. Jahrhunderts verloren die Wittelsbacher das Interesse an Schloss Schleißheim. Und nachdem sie auch an dem 78 Hektar großen Park keine größeren Veränderungen mehr vornehmen ließen, präsentiert er sich heute als einer der wenigen original erhaltenen Barockgärten Deutschlands.

Das Neue Schloss Schleißheim sollte dem Bauherrn Max Emanuel nicht nur als Sommerresidenz dienen, sondern auch den umfangreichen Kunstsammlungen des Kurfürsten einen repräsentativen Rahmen verleihen. Auch heute ist hier eine bedeutende Gemäldesammlung mit Werken der europäischen Barockmalerei untergebracht. Highlights einer Schlossbesichtigung sind außerdem Vestibül, Treppenhaus, Großer Saal, Viktoriensaal sowie die kurfürstlichen Appartements.

Auch Schloss Lustheim ist als Museum zugänglich; hier ist die nach Dresden bedeutendste Meissener Porzellansammlung beheimatet. Ferner kann man im Alten Schloss die Sammlung »Das Gottesjahr und seine Feste« besichtigen. Und um ja kein Museum auszulassen, sei auch noch die unweit auf dem Gelände des ehemaligen königlich bayerischen Flugplatzes von 1912 gelegene Flugwerft Schleißheim erwähnt.

Das barocke Neue Schloss Schleißheim von Osten mit Gartenparterre und Kaskaden, die auch von Würmwasser gespeist werden.

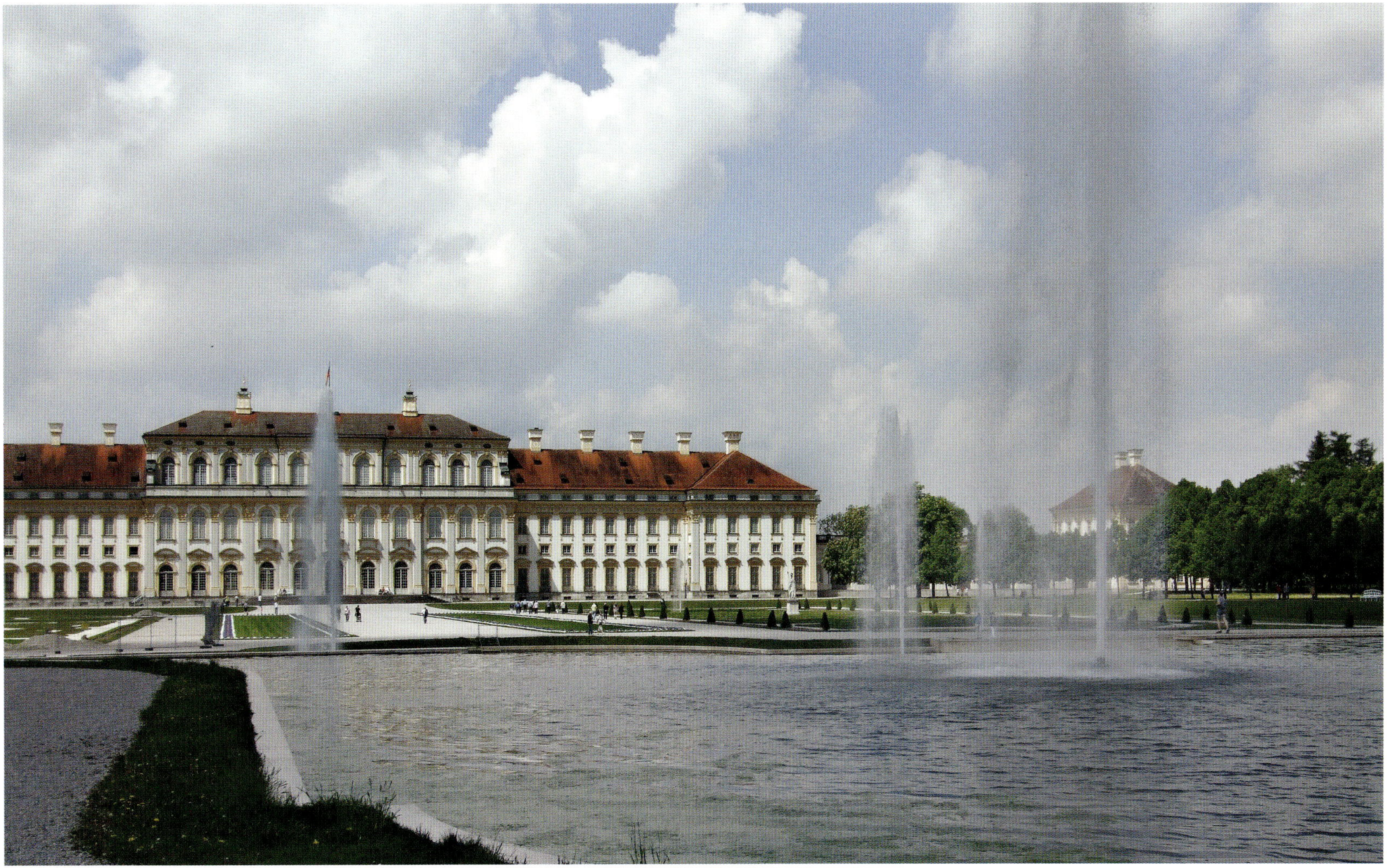

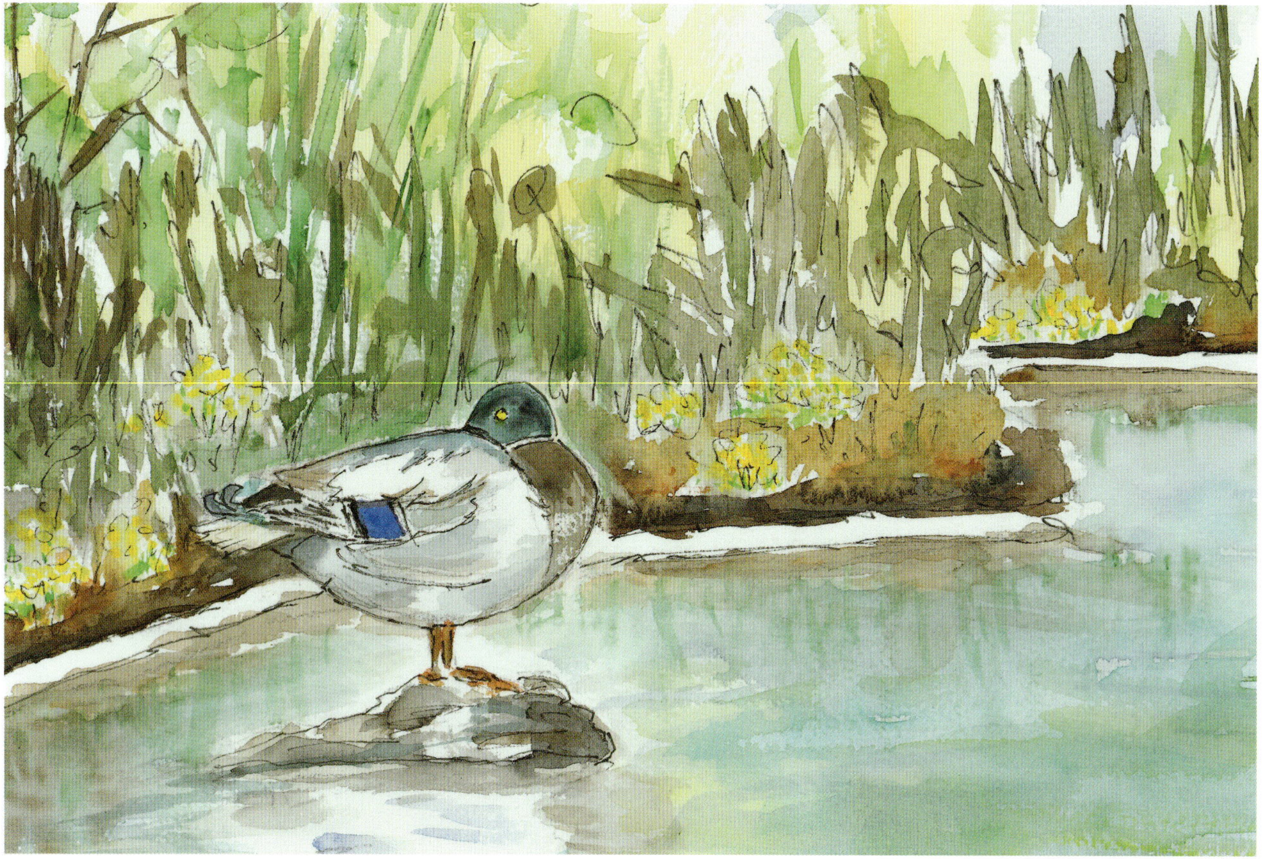

7 Karlsfeld – Dachau

Wo die Würm zum Eiskanal wird

Die Restwürm, die sich nach der Ableitung des Würmkanals in Karlsfeld nordwärts wendet, wird in dieser Gegend auch Alte Würm oder Eiskanal genannt. Der Name deutet auf die Begradigung hin, die man ihr um 1900 verpasst hat, damit flussaufwärts gebildetes Eis schneller abfließen kann. Unsere Würm, am Ableitungswehr beinahe ein Bach, ist hier fast nicht mehr wiederzuerkennen. Doch keine Bange: Sie legt bald wieder zu und wird auf scheinbar wundersame Weise erneut zum Fluss. Und auch das aus der Karte ersichtliche engmaschige Fernstraßen- und Schienennetz erweist sich nicht als Hindernis, denn sowohl für die Würm als auch für den sie begleitenden Wanderer und Radler ist ausreichend Spielraum vorhanden.

Wie bei Etappe 6 gelangen wir am Karlsfelder S-Bahnhof durch die Unterführung an die Ostseite des Bahndamms und auf dem Fuß-/Radweg hinaus zur Wehrstaudenstraße. Auf der gegenüberliegenden Straßenseite kurz nach rechts, und wir stehen am Scheideweg von Würmkanal und Alter Würm.

Nach einem Blick auf die Wehranlage spazieren wir nun auf dem Fuß-/Radweg an unserem vom Kanal-Aderlass ziemlich gezeichneten Flüsschen entlang (Radelschild »Dachau Mitte/Karlsfelder See«). Die von viel Grün flankierte Würm durchströmt hier ein Wohngebiet. Rechter Hand folgt der Eichinger Weiher, danach ein Wildgehege. Gegenüber am anderen Ufer Kleingärten, in denen im Sommer Gemüse und Blumen, getränkt mit Würmwasser, um die Wette gedeihen.

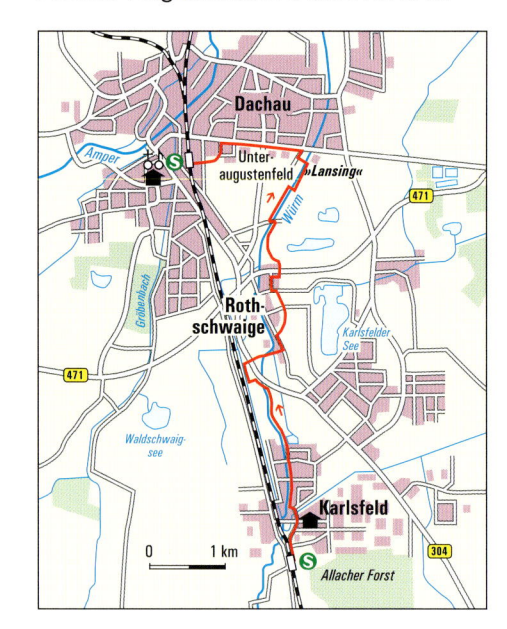

Dann ist es mit der beschaulichen Stimmung vorbei, und wir landen an der B304. Sie ist ein erster Vorgeschmack auf die Vielzahl von Trassenführungen für Straße und Schiene, durch die seit Jahrzehnten ringsum tiefe Einschnitte in die Landschaftsstruktur des Dachauer Mooses vorgenommen wurden und immer noch werden. Glücklicherweise ist die Würm aber dabei nicht auf der Strecke geblieben, sondern hat immer genügend Durchschlupfmöglichkeiten zugestanden bekommen.

Während das Wasser nun unter der B304 durchgeleitet wird, wenden wir uns auf dem Feldweg nach links und unserem Fluss notgedrungen den Rücken. Nach einem größeren Links-Rechts-Haken können wir schließlich auf einer Brücke die Schnellstraße überqueren, wobei wir jetzt dem Radelschild »Karlsfelder See« folgen.

Dann feiern wir auch schon ein kurzes Wiedersehen mit der Würm. Wir nehmen das Sträßchen nach links und überqueren den Fluss bald darauf auf einer kleinen Brücke. Wir befinden uns jetzt im Karlsfelder Ortsteil Rothschwaige, wo wir die Waldstraße nach links spazieren. An ihrem Ende überqueren wir die Münchner Straße und wenden uns auf dem an ihr entlanglaufenden Fuß-/Radweg nach links, bis wir wieder auf die Würm treffen. Jetzt rechts ab und am rechten Ufer auf Robinsons Spuren beziehungsweise einem Wiesenwegerl weiter flussabwärts. Bei der Einmündung des Wiesenpfades in einen Kiesweg diesen kurz nach links, wieder auf einer Brücke über die Würm und die Grünlandstraße rechts. Über die nächste Brücke erneut ans andere Ufer und dann nach links weiter mit dem Flusslauf.

Als nächste Betonbarriere stellt sich der Würm und uns die B471/E52 in den Weg. Wir schlüpfen gemeinsam, wenn auch auf getrennten Wegen, unten durch und laufen geradeaus weiter bis zum großen Entsorgungszentrum (rechter Hand). Nach links die Straßenbrücke über die Würm überqueren und gleich danach auf einem schmalen Wegerl, später weglos, am Ufer entlang. So lange, bis wir in ein

In Karlsfeld ist die Würm nur noch ein Bach.

Teersträßchen einmünden. Hier wenden wir uns nach rechts und überqueren wieder einmal eine Würmbrücke.

Nachdem wir ein kurzes Stück geradeaus weitergelaufen sind, biegen wir in den ersten links ableitenden Weg ein. Auf diesem wandern wir dann direkt nach Lansing. BR-Fernsehgucker wissen, dass hier seit 2007 die Serie »Dahoam is dahoam« gedreht wird. Was viele von ihnen jedoch sicher nicht wissen, ist, dass Lansing direkt an der Würm liegt. Durch das schmiedeeiserne Tor erblickt man Dorfplatz, Kirche, Apotheke, den Brunnerwirt — und manch einer ist vielleicht enttäuscht über die vergleichsweise kleinen Dimensionen; im Fernsehen wirkt alles viel größer. Gebaut wurde Lansing übrigens auf einem alten Fabrikgelände.

Zum Schlussspurt überqueren wir wieder einmal die Würm auf einer Straßenbrücke. Dann spazieren wir auf der Anton-J.-Schuster-Straße nach rechts hinaus zur Schleißheimer Straße in Dachau. — Wenige Meter weiter rechts befindet sich dann der Anschluss an die 8. und letzte Würmetappe.

Wem der Bus gerade vor der Nase davongefahren ist, hier der Zugang zum Dachauer Bahnhof: Entlang der Schleißheimer Straße etwa 20 Minuten nach links, dann über Sandstraße und Obere Moosschwaigstraße zum Bahnhof. Steigen Sie aber noch nicht gleich in die S1, sondern zuvor noch in den Altstadtbus, um zum Schlossberg hinaufzufahren und im Schlosscafé einzukehren.

Würmidylle im Norden von Karlsfeld.

Gehzeit Etwa 2 Stunden
Anfahrt S2 nach Karlsfeld
Rückfahrt S2 von Dachau
Einkehrvorschlag Schlosscafé-Restaurant in Dachau

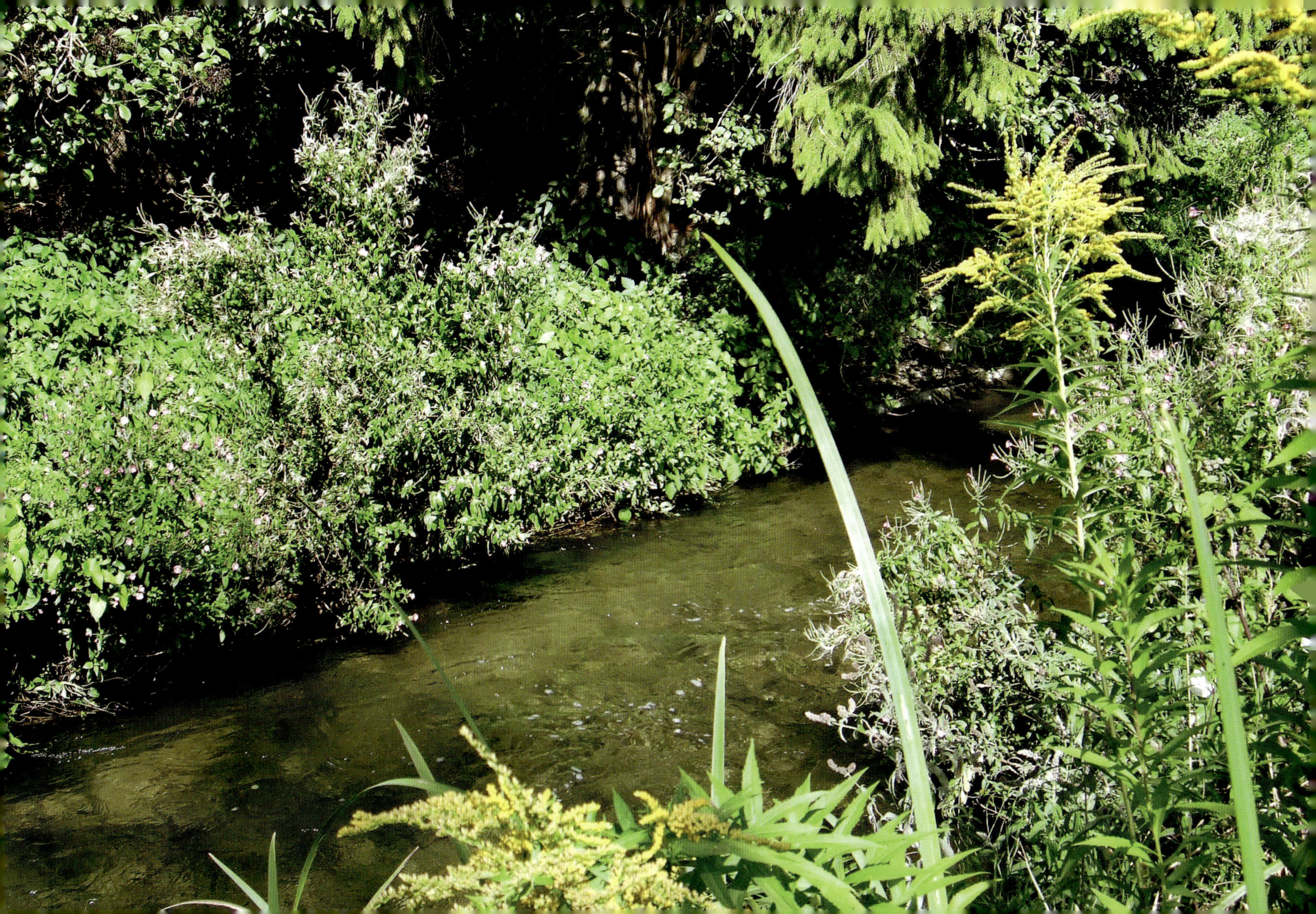

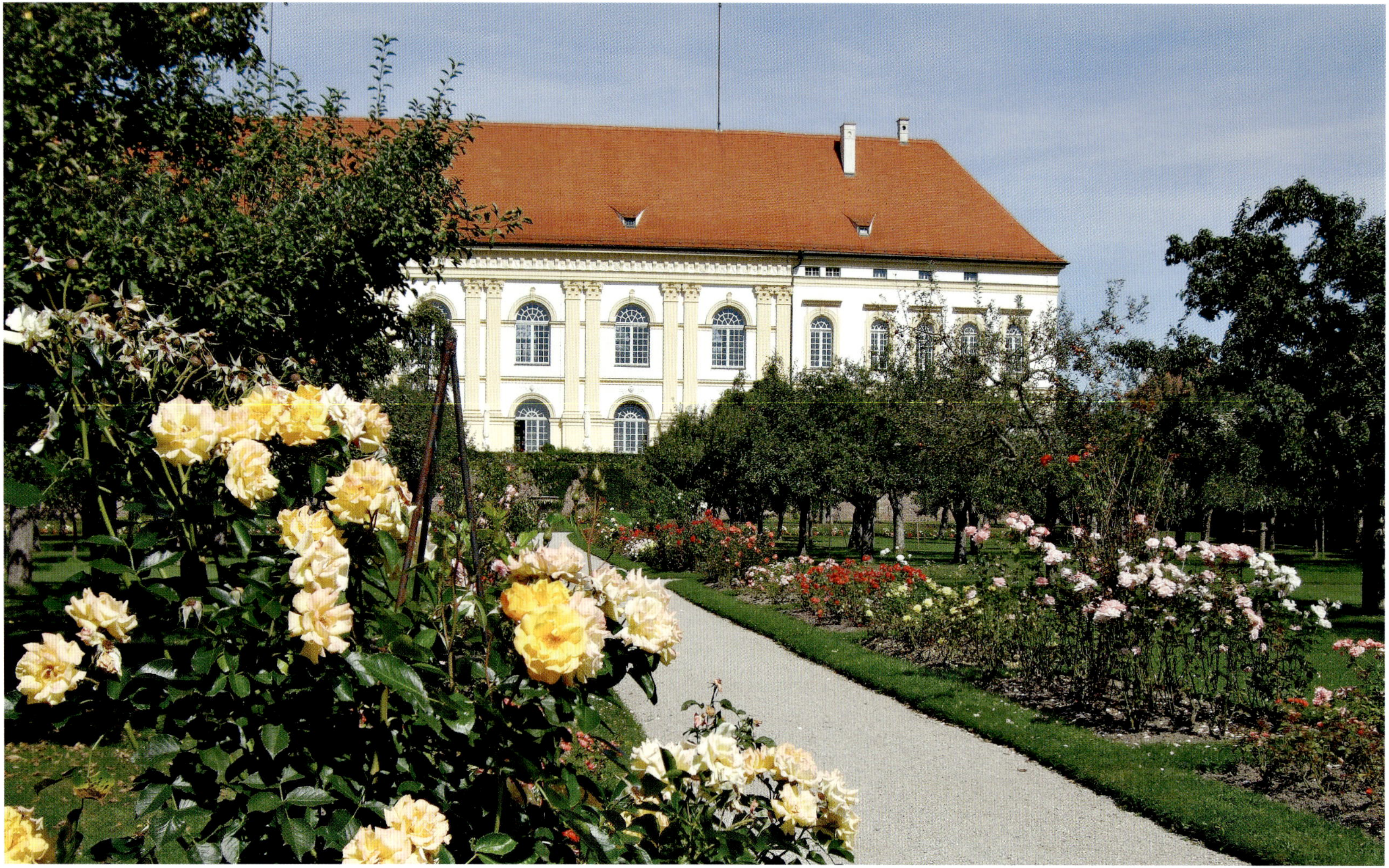

Karlsfeld

Beschreibung siehe Seite 103.

Dachau

Die Große Kreisstadt Dachau im gleichnamigen Landkreis liegt an der Amper, jenem Fluss, in welchen unsere Würm, nachdem sie Dachau-Ost hinter sich gelassen hat, schon bald einmünden wird.

Der Ort war bereits frühzeitig besiedelt. Der Name Dachau leitet sich vom keltischen »Dahauua« ab, was soviel wie lehmige Aue heißt. Die erste nachweisliche Erwähnung Dachaus erfolgte in einer Schenkungsurkunde aus dem Jahr 805.

Das Bild der Oberen Stadt oder Altstadt wird geprägt vom Schlossberg, einem markanten Moränenrücken über der Amper, mit Stadtpfarrkirche und Schloss. Schon lange bevor die Wittelsbacher diese Sommerresidenz errichteten, stand hier bereits eine Burg. Herzog Albrecht V. war es dann, der 1558–1577 ein vierflügeliges Renaissanceschloss mit über hundert Räumen erbauern ließ, eine »villa suburbana«, ein Landgut nahe der Stadt, mit dazugehörigem Hofgarten. Der nächste bedeutende Schlossherr, Kurfürst Max Emanuel, ließ 1715–1717 Schloss und Garten im barocken Stil verändern. Der letzte große Einschnitt geht zurück auf Kurfürst Maximilian IV. Joseph, ab 1806 König Max I. von Bayern, der sich eine derart umfangreiche und kostspielige Sommerresidenz wie Dachau nicht mehr leisten mochte beziehungsweise konnte. Er ließ drei Flügel abreißen, nur der Hofgartentrakt blieb übrig, und das barocke Parterre des Hofgartens musste einem Obstgarten weichen.

Ins Innere des Schlosses kann man heute nur als Gast des Schlosscafes vordringen oder aber im Rahmen von Veranstaltungen auch in den Renaissancefestsaal mit der großartigen Holzkassettendecke. Mehr zu sehen bekommen wir – zumindest bei gutem Wetter – vom Parkplatz bzw. vom Hofgarten aus: An der Balustrade stehend schweift der Blick über die erst ab dem 19. Jahrhundert entstandene Untere Stadt und weit hinaus bis nach München sowie auf das an Föhntagen schier zum Greifen nahe Alpenpanorama.

Linke Seite: Der Dachauer Hofgarten ist im Sommer eine einzige Rosenschau; vom Schloss blieb nur der Südwestflügel erhalten.

Quasi zu Füßen des Schlosses konzentrieren sich auf engstem Raum die wichtigsten historischen Gebäude Dachaus. Allen voran die Pfarrkirche St. Jakob, ein einheitlicher Spätrenaissancebau, errichtet 1624/25 nach Plänen von Hans Krumpper.

Ebenfalls in der Altstadt finden wir das fast 400 Jahre alte Hotel-Restaurant Zieglerbräu (Konrad-Adenauer-Straße 8). Hier kann man nicht nur gut essen, sondern sich auch in der nostalgischen Ludwig-Thoma-Stube an jenen Mann erinnern, der immer wieder in einem Atemzug mit Dachau genannt wird: Ludwig Thoma (1867–1921). Er war von 1894 bis 1897 als Rechtsanwalt in Dachau ansässig und hat in seinem schriftstellerischen Werk mit Vorliebe den Dachauer Bauern »aufs Maul g'schaut«.

Überhaupt scheint von Dachau und seinem Umland künstlerische Inspiration auszugehen. Im Zug der damals immer populärer werdenden Landschafts- oder Freilichtmalerei kamen vor allem ab Mitte des 19. Jahrhunderts bis zum Ausbruch des Ersten Weltkriegs zahlreiche namhafte deutsche Maler hierher, um die Menschen und Naturstimmungen des Dachauer Mooses auf Papier und Leinwand zu bannen. Die sich bildende Künstlerkolonie Dachau gilt als die bedeutendste Malerkolonie außerhalb großer Städte in Süddeutschland. Zu ihr zählen so prominente Namen wie Johann Georg von Dillis, Eduard Schleich d. Ä., Carl Spitzweg, Heinrich von Zügel, Wilhelm Leibl. Wer sich Bilder dieser großen Landschaftsmaler anschauen möchte, kann dies in der Dachauer Gemäldegalerie tun (Konrad-Adenauer-Straße 3).

Und da gibt es noch etwas, was bei Dachau nicht unerwähnt bleiben darf, zumal sich wohl mehr Einheimische damit identifizieren als mit Thoma oder den Landschaftsmalern: das Dachauer Volksfest. Es findet alljährlich an zehn Tagen im August statt und hat wie das Münchner Oktoberfest seinen Ursprung in Pferderennen, die ab 1652 veranstaltet wurden. Nur mit einem kann es mit der Wies'n (erfreulicherweise) nicht konkurrieren: mit dem Bierpreis. Der ist nämlich auf dem Dachauer Volksfest traditionell der billigste von allen großen Volksfesten Bayerns.

KZ Dachau

Beschreibung siehe Seite 123.

Dachauer Moos

Das Dachauer Moos zwischen Karlsfeld und Dachau ist heute eigentlich nur noch ein Schatten seiner selbst. Entstanden Ende der Würmeiszeit, dehnte es sich einst von Fürstenfeldbruck bis nach Freising aus. Das, was davon übrig geblieben ist, präsentiert sich nach wie vor als Niedermoorlandschaft mit Streuwiesen, Auen, Kiefern- und Bruchwäldern.

In seiner ursprünglichen Form nicht zur landwirtschaftlichen Nutzung geeignet, hat man im Dachauer Moos hauptsächlich Torf abgebaut. Erst durch die gezielte Anlage von Kanälen – darunter auch der Würm- und Dachau-Schleißheimer Kanal – sowie die Kultivierungsmaßnahmen des Wittelsbacher Herrscherhauses ab etwa 1800 entstanden neben den kleineren bisherigen Moossiedlungen auch größere Ansiedlungen.

Heute stehen zahlreiche Flächen des verbliebenen Moosgebiets unter Naturschutz. Einen großen Fürsprecher hat es im Verein Dachauer Moos e.V. gefunden, der sich unter anderem auch für den Erhalt des Schleißheimer Kanalsystems engagiert.

Auf dieser Wanderetappe wird die Würm fast durchwegs von einem Fuß-/Radweg begleitet.

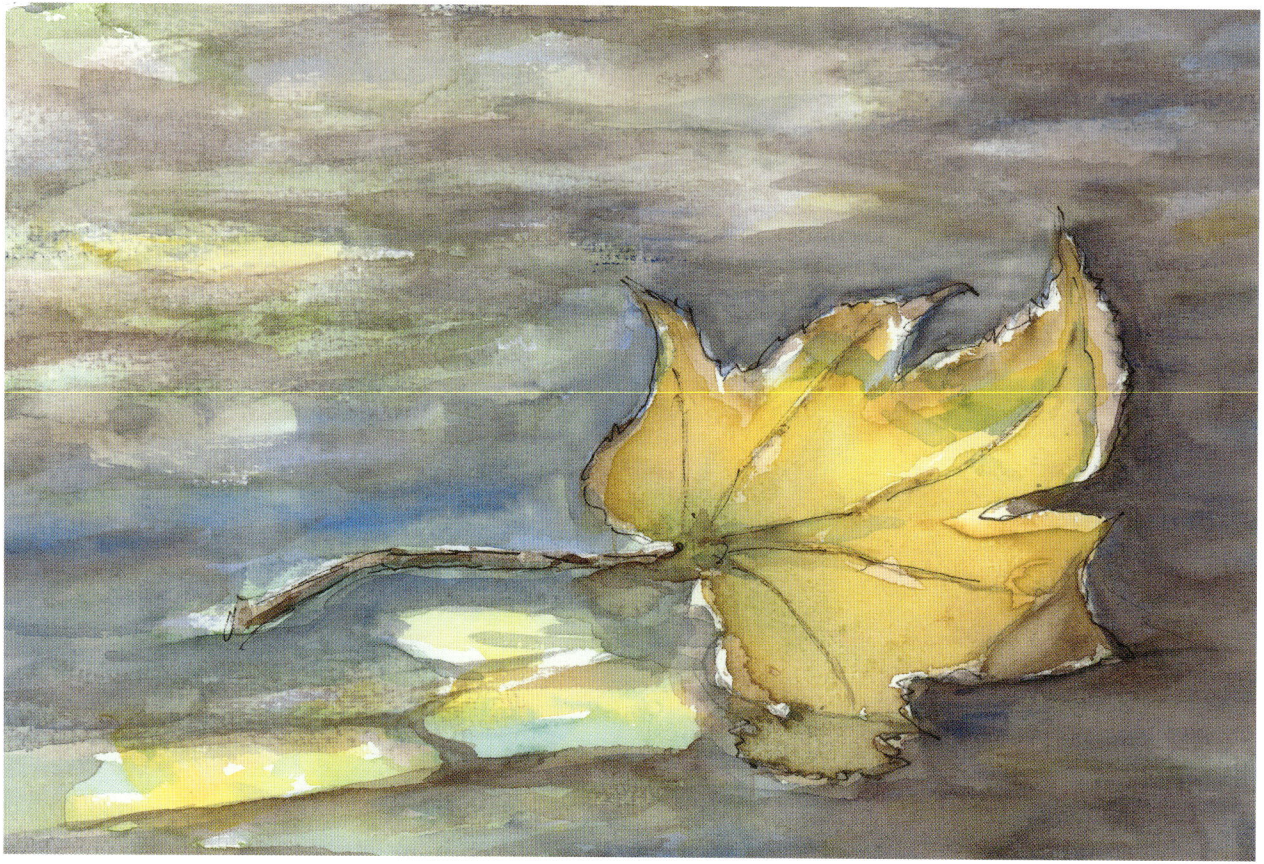

8 Dachau – Hebertshausen (Dachau)

Abschied von der Würm an der Amper

Nachdem die Würm das Gelände des ehemaligen Konzentrationslagers Dachau passiert hat, muss sie kurz danach noch eine Mühle antreiben – die größte noch betriebsfähige und einzige nach ihr benannte am gesamten Flusslauf. Damit hat sie nun endgültig ihr Soll erfüllt und darf noch einmal frei durch die Landschaft fließen, fast so malerisch wie gleich zu Beginn ihres Laufs durchs Mühltal. Dann naht jedoch unweigerlich der Moment, wo wir von ihr Abschied nehmen müssen. Mit etwas wehmütigen Gefühlen, aber auch voller Dankbarkeit, dass sie uns entlang ihrer Ufer viele schöne und auch interessante Stunden des Dahinwanderns geschenkt hat, sehen wir, wie sich unsere Würm ohne großes Gehabe im Amperwasser verliert.

Vom P+R-Parkplatz hinter (östlich) dem Dachauer Bahnhof orientieren wir uns nach links und gelangen auf der Oberen Moosschwaigstraße und später der Sandstraße nach links hinaus zur Schleißheimer Straße. Hier erhält der Enthusiasmus des passionierte Würmwanderers fürs Erste einen Dämpfer, denn man muss nun, rechts ab, etwa 20 Minuten an dieser viel befahrenen Straße entlanghatschen — allerdings auf einem separaten Fuß-/Radweg (Abkürzungsmöglichkeit mit Bus). Zwischen uns und der Fahrbahn bewegt sich der schmale Dachau-Schleißheimer Kanal — erbaut 1691/92 und gefüllt mit Amperwasser — gemächlich zum Schleißheimer Schlosspark hin; an der Würmbrücke bekommt er noch etwas Würmwasser hinzu.

An eben dieser Würmbrücke können wir dann endlich unseren Fluss — eher ein Flüsschen, denn die vorangegangenen Ableitungen haben ihre Spuren hinterlassen — begrüßen. Wir wechseln zur anderen Straßenseite hinüber und wandern auf dem ruhigen Fuß-/Radweg zunächst am linken, später am rechten Ufer flussabwärts. So gelangen wir unweigerlich zum Eingang der KZ-Gedenkstätte Dachau, die direkt an der Würm liegt.

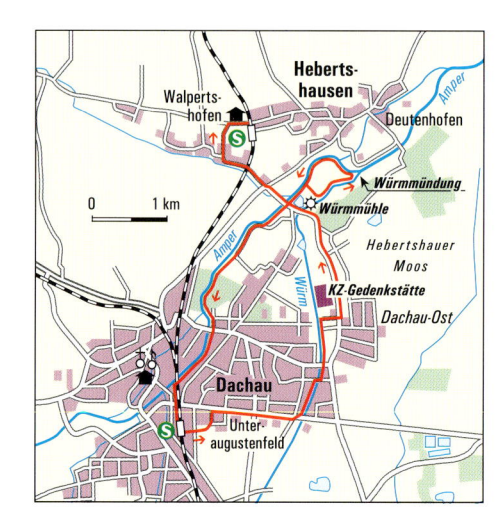

Durch das Gittertor mit der menschenverachtenden Inschrift »Arbeit macht frei« betreten wir das riesige Gelände und können uns der bedrückenden Atmosphäre nicht entziehen. Nachdem der Uferweg entlang der Mauer gesperrt ist, müssen wir hier durch. Und zwar kerzengerade auf das gegenüberliegende Osttor zu, durch das wir auf die Straße hinaus gelangen.

Zwischen Mauer und Straße laufen wir nun zügig nach links, um dieses unangenehme Wegstück so schnell wie möglich hinter uns zu bringen. Bald ist es geschafft, und in der Ferne zeigt sich schon das hohe Hauptgebäude der Würmmühle, auf die wir zusteuern. Kurz davor hat man unserer Würm, die durch die Einmündung des Gröbenbachs etwas zugelegt hat, wieder einmal Wasser abgezapft,

Ein kurzes bedrückendes Intermezzo auf dieser letzten Würmwanderetappe bildet das KZ-Dachau; hier eine Lagerbaracke.

das in einem Kanal zwischen Betonwänden zwecks Energiegewinnung zur Mühle geleitet wird.

Durch das Mühlengelände hindurch spazieren wir geradeaus zum Ufer der Amper; der Platz nennt sich »An der Floßlände«, was nicht zu Unrecht auf eine ehemalige Flößerei schließen lässt. Wir überqueren die Straße noch vor der Amperbrücke und wandern geradeaus in den Auwald hinein. Rechts liegt der Würmmühlweiher. Wenn der Weg sich gabelt, wenden wir uns nach rechts, aus dem Wäldchen heraus. Um die Würm so lange wie möglich »auf ihrem letzten Weg« zu begleiten, müssen wir jetzt den Trampelpfad nach rechts nehmen. Zwischen Waldrand und Feldern dahinwandernd können wir nach der Linkskurve rechts

Eine Würmmühle anderer Art – gesehen in einem Privatgarten unterwegs auf dieser Wanderetappe.

hinter Bäumen endlich wieder ein paar Blicke auf sie erhaschen, und schließlich erreicht auch die Pfadspur das linke Ufer.

Wir biegen nach links und eskortieren nun auf einem romantischen Weglein unsere Würm, die sich hier noch einmal frei und ungezwungen zwischen grün gesäumten, unbebauten Ufern bewegen darf. Bis, ja bis sie nach einer letzten Brücke beim E-Werk ganz unspektakulär und ohne viel Aufhebens in die links von Dachau her kommende Amper einmündet.

Da geht sie hin, unsere Würm, dieses leise und liebenswerte Gewässer, der wir fast 40 Flusskilometer von ihrem Ursprung bis hierher gefolgt sind. Die Amper, die nun das Würmwasser mit sich fortträgt, mündet übrigens in Moosburg in die Isar, diese in die Donau und die wiederum ins Schwarze Meer. Weshalb man wohl mit Fug und Recht behaupten darf, dass auch einige Tropfen Würmwasser schlussendlich im Meer landen.

Das war sie also, unsere Würm-Exkursion. Doch wir müssen noch zum nächsten S-Bahn-Anschluss, und der ist in Hebertshausen. Also wandern wir erst einmal den Weg entlang dem Amperufer durch lockeres Auwaldgehölz flussaufwärts. Hier ist Biber-Revier! Wir sehen es an ab- und angenagten Ästen; die fleißigen Kerlchen selbst bekommt man eher selten zu Gesicht.

Dann ist die vom Herweg bereits bekannte Straßenbrücke erreicht und leider endgültig Schluss mit dem Naturspaziergang. Links liegt die Würmmühle, wir aber wenden uns nach rechts, hinaus zur Einmündung in die Fahrstraße. Ein kurzer Links-/Rechts-Haken, dann folgen wir der Straße in Richtung »Prittlbach«. Nach Unterqueren der Bahnlinie geht es rechts Richtung »Walpertshofen«, wo wir im Gasthof Wallner einkehren können. Bald darauf sehen wir dann auch schon rechter Hand den S-Bahnhof Hebertshausen.

Etwa eine Stunde länger dauert es bis zum S-Bahnhof Dachau. In diesem Fall wandern wir von besagter Straßenbrücke (»An der Floßlände«) an der Amper entlang weiter flussaufwärts. Auf einem bequemen Fuß-/Radweg, vorbei am links gelegenen Golfplatz, nähern wir uns langsam dem Stadtgebiet. Der Amperweg bringt uns geradeaus bis zur Einmündung in die Martin-Huber-Straße. Diese links und dem Schild »Fußweg zur S-Bahn« folgend zum Bahnhof. Oder zuvor noch hinauf zum Schlosscafé.

Gehzeit Etwa 2½—3½ Stunden
Anfahrt S2 nach Dachau
Rückfahrt S2 von Hebertshausen bzw. Dachau
Einkehrvorschlag Gasthof Wallner in Walpertshofen oder Schlosscafé-Restaurant in Dachau

Nordöstlich von Dachau mündet die Würm in die Amper, diese in die Isar, welche ihr Wasser an die Donau weitergibt, die wiederum im Schwarzen Meer endet. Am Brunnen vor dem Zieglerbräu in Dachau habe ich ein wenig über diese Wasserreise nachsinniert und mir bei dem dort fotografierten Tropfen vorgestellt, wie sich meine/unsere Würm in der Weite des Meeres verliert.

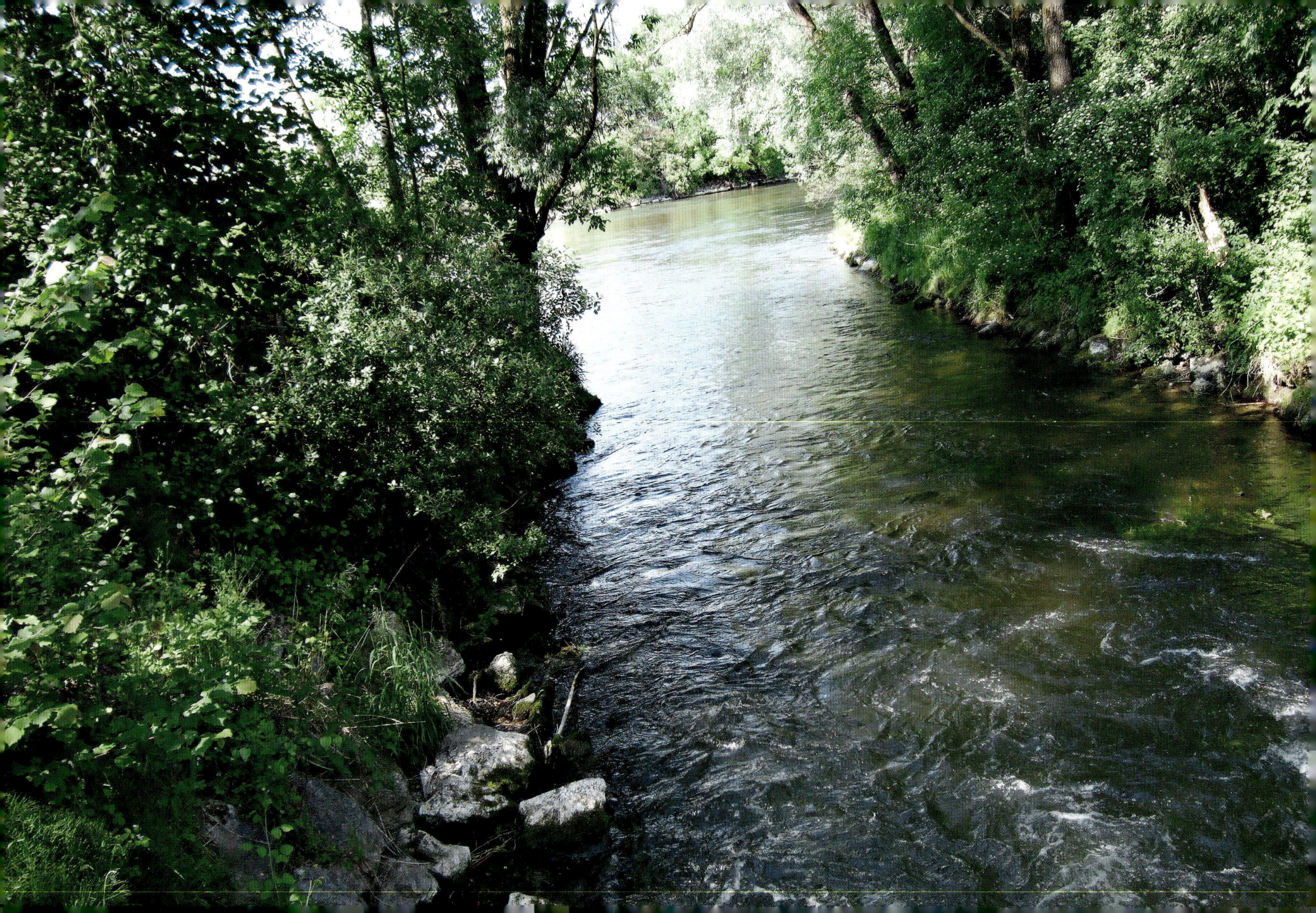

Dachau

Beschreibung siehe Seite 113.

KZ Dachau

Dieses unrühmliche Makel Dachaus entstand 1933 als erstes nationalsozialistisches Konzentrationslager. Politische Gegner, Juden, Geistliche und sogenannte »unerwünschte Elemente« sollten darin als Feinde des Dritten Reiches von der Bildfläche verschwinden. Bis zur Auflösung am 29. April 1945 durch die Amerikaner waren 206 000 registrierte Menschen aus 30 Nationen inhaftiert, mindestens 40 000 wurden ermordet.

Seit 1965 ist das ehemalige KZ offizielle Gedenkstätte. Der Besucher findet sich mit einem riesigen, mauer- und turm-

Linke Seite: Nachdem die Würm nach der Würmmühle noch einmal etwa einen Kilometer frei fließen durfte, mündet sie beim E-Werk südlich von Hebertshausen in die Amper.
Rechts: Mahnmal (vor dem Gräfelfinger Friedhof) zum Gedenken an den KZ-Todesmarsch vom April 1945 entlang der Würm.

Die Würm wenige Meter vor ihrer Mündung. Flutender Hahnenfuß und Wasser-Schwertlilien schmücken Oberfläche und Ufer.

bewehrten Areal konfrontiert. Darin in Reih und Glied die Fundamente der ehemaligen Lagerbaracken, ferner eine Ausstellung über die Geschichte des Konzentrationslagers Dachau, Kirchen verschiedener Konfessionen, der Appellplatz mit dem internationalen Mahnmal, das Krematorium… Alles in allem wohl nichts, was man im Rahmen einer entspannten Wanderung sehen und erleben möchte. Es empfiehlt sich an einem anderen Tag ein geführter Rundgang bzw. eine Erkundung auf eigene Faust und mit Unterstützung eines Audioguides.

In den letzten Apriltagen des Jahres 1945 startete vom KZ Dachau aus der sogenannte Todesmarsch. 7000 geschundene Häftlinge, zu denen später noch weitere aus anderen Lagern stießen, wurden würmaufwärts über Pasing und Gauting in Richtung Alpen getrieben. Wie viele dabei umgekommen sind, ist nicht belegt, Schätzungen sprechen von 3000. Am 30. April stoppten Amerikaner schließlich den Häftlingszug. Im Gedenken an den damaligen Todesmarsch wurde zunächst 1989 in

Gauting sowie später in weiteren Würmtalgemeinden ein Mahnmal aufgestellt, dessen Schöpfer der Bildhauer Hubertus von Pilgrim ist.

Würmmühle

Die Würmmühle ist die einzige Mühle am Fluss, in der noch das passiert, wozu Mühlen urspünglich einmal gebaut wurden: Es wird Getreide vermahlen. Hier findet dies bereits seit dem 10. Jahrhundert statt. In den »Mühlengeschichten« heißt es, dass der damalige Müller auch für einen sicheren Übergang der Reisenden über Würm und Amper Sorge zu tragen hatte; an der Stelle befand sich nämlich eine Furt. Ab dem 14. Jahrhundert gehörte die Würmmühle den bayerischen Herzögen. Im 18. Jahrhundert ist sie als Mahlmühle und Sägewerk nachgewiesen. Nach häufigem Besitzerwechsel gehört sie seit 1927 der Müllerfamilie Kraus, die nach dem einleuchtenden Prinzip arbeitet: Entscheidend für gutes Mehl ist die gute Qualität des Rohstoffs, nämlich Getreide. So wird nur Korn aus der Umgebung vermahlen, wobei man darauf achtet, dass es sich um gesunde Sorten handelt, die weder mit Schädlingsbe-

Beim traditionellen Mühlenfest am Pfingstmontag herrscht immer reger Betrieb auf dem Gelände der Würmmühle.

kämpfungsmitteln behandelt noch mit Klärschlamm gedüngt wurden. Der Mühle angeschlossen ist auch ein Verkaufsladen, und wer am Pfingstmontag hierher kommt, kann sogar am Feiertag einkaufen. Da ist nämlich alljährlich Mühlentag mit Führungen, Jahrmarkt, Blasmusik, Brotzeit und Produktverkauf. – Ein guter Grund, um diese 8. und letzte Würm-Wanderetappe gleich für den nächsten Pflingstmontag einzuplanen!

Register

Albrecht III., Herzog 75
Albrecht IV., Herzog 74, 91
Albrecht V., Herzog 113
Allach 15, 19, 86, 88, 92, 93
– Kirche St. Peter und Paul 94
– Sommerbad 89
Allacher Mühle 89
Amalienburg 78, 81
Amper 113, 118, 120, 121, 125
Assenbuch 30

Baader, Joseph v. 83
Badenburg 78, 81, 83
Badeverbot 19, 48
Bajuwaren 15, 45
Baron Hirsch'sches Schwimm-
    und Wellenbad 19, 43, 48

Beck, Karl v. 63
Berchem 446, 63, 91
Bergerweiher 43, 46
Bernauer, Agnes 75
Biber 121
Borsten-Fischpass 27
Botanischer Garten 70, 71, 83
Bratananium 15, 24, 34, 45
Bucentaur 29, 30

Congregatio Jesu 55
Cuvillies d. Ä., François 78

Dachau 15, 110, 113, 114, 115, 118, 121, 123
– Pfarrkirche St. Jakob 114
– Schlosscafé 110, 113, 121
– Zieglerbräu 114
Dachau-Schleißheimer-Kanal 104, 115, 118
Dachauer Moos 103, 115
Dichtl 35, 45
Drei-Beten-Quelle 27

Effner, Joseph 71, 78 , 103
Egenhofen, Konrad v. 48
Eishüttenplatz 99
Eiskanal 108
Englische Fräulein 55, 63, 65
Ernst, Herzog 77
Exter, August 74

Feichtmayr, Franz Xaver 29
Ferdinand Maria, Kurfürst 29, 77, 91
Finck 30
Fischgewässer 17
Flugwerft Schleißheim 101, 104
Flusskorrektur 15, 86
Franz, Kaiser v. Österreich 32

Gatterburg 52
Gauting 15, 16, 19, 24, 27, 34, 35, 36, 40, 45
– Frauenkirche 35
Girard, Dominique 82, 104

Gräfelfing 45, 52, 61
– Alte Pfarrkirche St. Stephan 54, 61
Grasser, Erasmus 77
Gröbenbach 119
Grubmühle 42
Günther, Ignaz 29

Haerlin, Julius 36, 45
Hallberg-Broich, Baron 45
Hallermühle 65
Hauser, Lorenz 94
Hebertshausen 121
Henriette Adelaide 77
Himbsel, Johann Ulrich 30
Hirsch, Jakob v. 48
Hochwasser 19
Hörwarth 46, 48
Hofmark Menzing 77, 91, 92, 93
Hofmarkschloss 16, 32, 40, 43, 46, 48, 55, 63, 65, 82

Irmingard, Prinzessin 32

Jugendbibliothek, Internationale 91

Karl Albrecht, Kurfürst 77, 78
Karl d. Große 24, 35
Karl Theodor, Kurfürst 77, 78
Karlhäusl 87
Karlsberg 29, 32, 36
Karlsburg 16
Karlsfeld 15, 89, 98, 103, 108, 115
Kelten 15, 33

Klenze, Leo v. 104
Kraemer'sche Kunstmühle 54
Krailling 45, 46, 47, 63
– Kirche St. Margareta 43, 46
– Kraillinger Brauerei 42, 43
– Ristorante Da Rosario 43
Kustermann 30
KZ Dachau 118, 123, 124

Lansing 110
Leutstetten 16, 24, 25, 26
– Kirche St. Alto 33
Leutstettener Moos 15, 17, 25, 27
Ligsalz 45
Linnermühle 43, 46
Lochham 54, 62
– Filialkirche St. Johann Baptist 54, 62
– Lochhamer's 55
Lochhamer Falle 55
Lola Montez 91
Loriot 30
Ludwig I., König 30, 81, 91
Ludwig II., König 30
Ludwig III., König 32
Lung 48

Magdalenenklause 78, 81
Mahnmal Dachauer Todesmarsch 125
Maria Amalia 78
Maria Antonia 103
Maria Eich 52, 59
Marstallmuseum 81

Max Emanuel, Kurfürst 70, 78, 82, 98, 103, 113
Max I. Joseph, König 63, 103, 113
Maximilian I., Herzog 103
Maximilian III., Kurfürst 59, 77, 78
Maximilian IV., Kurfürst 77, 78
Menzing 16, 45, 63
Miller 30
Mühlentag 125
Mühltal 15, 17, 24, 27

Nymphenburg-Biedersteiner-Kanal 82

Obermenzing 15, 74, 91
– Alter Wirt 92
– Inselmühle 88
– Kirche St. Georg 87, 91
– Speisemeisterei 70, 86
– Trattoria Vecchio Mulino 87
– Weichandhof 8, 87
Osterseen 19

Pagodenburg 78, 81, 83
Pasing 15, 16, 45, 52, 56, 63, 65, 74, 82, 86
– Alte Pfarrkirche Mariä Geburt 55, 65
– Rossschwemme 56
Pasinger Kanal 56, 70, 82, 94
Pasinger Papierfabrik 55, 63, 74
Pasinger Stadtpark 52, 55
Paul-Diehl-Park 52, 55, 62
Percha 15

Petersbrunn 19, 33
Pettenkofer 30
Pipping 16, 45, 63, 74, 82
– Kirche St. Wolfgang 70, 74, 77, 86
Planegg 15, 16, 40, 43, 47, 52, 60
– Bräustüberl 43
– Heide Volm 48
– Pe. Es. Kottmeier 17
Pocci, Franz v. 30
Pollack, Jan 75, 77
Possenhofen 32
Preysing 45
Prinz-Carl-Schlösschen 52, 63
Püttrich 45, 63
Pumpwerk 71, 82, 83, 104

Rambeck, Bootswerft 25
Regattasee 99
Reichlbad 56
Reismühle 24, 35, 45
Reismühler Feld 27
Renaturierung 19, 86, 88
Risheimer 61
Roseninsel 30
Rothschwaige 103, 109
Ruffin 46, 48
Rupprecht, Kronprinz 32

Sckell, Friedrich Ludwig 78, 82
Sigismund, Herzog 74, 77, 91, 92
Sisi 32
Spätbronzezeit 15, 33, 46

Schleißheimer Kanal 104
Schloss Allmannshausen 30
Schloss Ammerland 30
Schloss Berg 30
Schloss Blutenburg 16, 63, 70, 74, 75, 77, 82, 86, 91
– Schlosskapelle 74, 77
– Schlossschänke 70, 91
Schloss Dachau 113
Schloss Fußberg 35, 40, 45
Schloss Garatshausen 30
Schloss Höhenried 30
Schloss Leutstetten 32
– Schlossgaststätte 26, 27, 33
Schloss Lustheim 101, 103, 104
Schloss Nymphenburg 16, 70, 71, 77
– Café im Palmenhaus 72
Schloss Possenhofen 30
Schloss Schleißheim 16, 98, 100, 103, 104
– Schlosswirtschaft 100, 101
Schloss Seeholzen 61
Schloss Tutzing 30
Schlossberg 32, 36
Schönberg 27
Schwanthaler, Rudolf 45
Starberg 16, 29
– Schloss 29
– Pfarrkirche St. Joseph 29
– Undosa 31
Starnberger See 15, 16, 24, 25, 29, 30
Steinermühle 55, 65
Steinkirchen 60

– Kirche St. Georg 52, 60
Stockbad 87
Stockdorf 42, 46
Straub, Johann Baptist 35, 47

Thoma, Ludwig 114
Thürheim 48
Tomlinger, Jörg 47
Trinklbad 43, 46

Untere Mühle 27, 36
Untermenzing 88, 92
– Kirche St. Martin 88, 92
Urmiller, Hans 32

Valentin, Karl 48
Verein Dachauer Moos 115
Viereckschanze 15, 34
Villa rustica 24, 25, 33, 34

Wasseramsel 17
Wilhelm III., Herzog 48
Wilhelm, IV., Herzog 29, 33
Wilhelm V., Herzog 98, 103
Wink, Christian 29
Wittelsbacher 16, 26, 29, 32, 74, 77, 81, 103, 104, 113, 115
Würmbäder 17, 48, 87
Würmeiszeit 15, 115
Würmkanal 98, 99, 101, 103, 115
Würmmühle 119, 121, 125

Zuccalli, Enrico 77, 103

Impressum

Bildnachweis
Alle Abbildungen von der Autorin, außer:
Seite 17 oben Peter Zeininger, Seite 32 Wilfried Bahnmüller,
Seite 121 Peter Heilmannseder

www.bergundtal-verlag.de

Die in diesem Band vorgestellten Ausflüge und Spaziergänge wurden mit aller Sorgfalt recherchiert, beschrieben und illustriert. Dennoch erfolgen alle Angaben ohne Gewähr, da zwischenzeitliche Änderungen nicht auszuschließen sind. Weder die Autorin noch der Verlag können aus daraus resultierenden Nachteilen eine Haftung für Schäden irgendwelcher Art übernehmen.

© 2011 Verlag Berg & Tal Heinrich Bauregger, München
Alle Rechte vorbehalten.
Nachdruck – auch auszugsweise – nur mit Genehmigung des Verlags.

Covergestaltung, Layout, Typografie, Realisierung:
    Catherine Avak, München
Karten: Eckehard Radehose, Schliersee
Vorsatzkarte: Angelika Zak, Scharnitz
Lithographie: Helio Repro GmbH, München
Druck und Bindung: Westermann Druck, Zwickau

Printed and bound in Germany

ISBN 978-3-939499-24-4

STARNBERG

Rieden

Würm

Starnberger See

E1

Leutstätten

Gauting

Reismühle

Krailing

E2

Buchendorf

Stockdorf
Planegg

Gräfelfing

Schäftlarn

Würm

E3

Lochham

Isar

Pas...

Isar

N